太仓文物精华

Gems of Taicang's Cultural Relics

太仓文物精华

太仓博物馆 编

文物出版社

北京·2007

撰　　文：赵　炎　朱　巍
摄　　影：孙之常
英文翻译：穆朝娜
封面设计：卜　早
装帧设计：卜　早　曹　艳
责任印制：张道奇
责任编辑：窦旭耀

图书在版编目(CIP)数据

太仓文物精华／太仓博物馆编．－北京：文物出版社，2007.4

ISBN 978-7-5010-2157-4

Ⅰ．太…　Ⅱ．太…　Ⅲ．①文物－简介－太仓市　Ⅳ．K872.534

中国版本图书馆 CIP 数据核字（2007）第 028368 号

太仓文物精华

太仓博物馆 编

文物出版社出版发行

北京东直门内北小街 2 号楼 （邮编：100007）

http://www.wenwu.com

E-mail: web@wenwu.com

北京圣彩虹制版印刷技术有限公司制版印刷

2007 年 4 月第一版　2007 年 4 月第一次印刷

889 × 1194　1/16　印张：13

ISBN 978-7-5010-2157-4

定价：260 元

Gems of Taicang's Cultural Relics

Compiled by

Museum of Taicang

Cultural Relics Press

Beijng • 2007

nators of the Loudong School of Painting in Qing; scholar Bi Yuan; educator Lu Baozhong.

In modern times, Taicang also boasted great figures, such as Yu Songhua who was "Sakyamuni in the press circles", Zhu Shilin who was one of earliest film makers and Wu Xiaobang who advocated new style of dance as well as the educator Tang Wenzhi, the Kunqu master Zhu Chuanming, the physical scientist Wu Jianxiong, the master of painting Zhu Qizhan and the representative painter of the New Jinling School of Painting Song Wenzhi.

Now, people can still find remains about these figures. They talk about their stories and sustained the excellent tradition created by them. The rich store of cultural heritage deposited in Loudong is precious spiritual wealth and cultural resources for present Taicang. It lays solid foundation for the construction of advanced socialist culture and elevates this city's competitive capacity of culture.

It has been our undertaking in recent years to carry forward the splendid traditional Loudong culture. For this reason, the Law of the People's Republic of China on the Preservation of Cultural Relics has been strictly implemented. In accordance with the law, we paid great attention to the conservation of cultural heritage, and rightly dealt with the conflicts between the preservation of heritage and economic construction, and between protection of heritage and utilization. We also adopted effective measures, such as increasing management organizations, improving preservation system and adding more funds, to ensure that the conservation work would be carried out successfully. In doing so, a number of significant remains above ground and underground have been well conserved, together with the historic treasures collected in storage vaults.

The book *Gems of Taicang's Cultural Relics* is composed of superb objects from the Museum of Taicang. It can be presented to a friend from afar; it can also be used as a significant teaching material for Taicang natives, especially for the youngsters. It is no doubt that the publication of this book will signal a summary of the heritage conservation practice and help to publicize the traditional Loudong culture. As the book is published, I am very glade to write down this preface.

目　录

青铜器

古籍书画

玉石杂项

Contents

Bronze Wares

Unearthed Ancient Books, Calligraphy and Paintings

Jade, Stone and Other Objects

概　述

　　江南古城太仓，别名娄东，位于江苏省东南部、长江入海口南岸，历史悠久，交通便利，经济发达，人文荟萃。在太仓境域820余平方公里的土地上，分布着全国、省、市重点文物保护单位34处，国家历史文化名镇1处。众多的名胜古迹展示着城市悠久的历史和丰厚的文化底蕴。

　　太仓博物馆成立于1987年，是以反映太仓地方历史文化为主的县市级博物馆。二十年来，太仓博物馆以科学的方法征集收藏、整理研究和保护历史文物，收藏文物数千件，主要有陶瓷、书画、金属、玉石、墓志碑文、石刻砖雕等类。本书收录的太仓博物馆馆藏文物，包括太仓历年发掘出土的文物精品和年代可靠的传世品和征集品。文物作为人类文化的载体和见证，可以使我们从一个侧面领略太仓古代文明的发展脉络和重要特征。

　　太仓双凤维新遗址的发掘表明，早在4500年前我们的祖先就生息、繁衍、劳作在这块土地上。2003年夏于太仓双凤维新村发现的这处良渚文化和马桥文化遗址，位于6000年前所形成的古冈身（古代海岸线）上，发掘出土有新石器时代的陶片、石器、骨器等遗物，并发现了土台、柱洞、草木灰等遗迹现象。由此说明，太仓的先民们已过着定居生活，创造着古老的原始文化，从而揭开了太仓历史的序幕。

　　商代末年，西北地区周族首领古公亶父之子泰伯、仲雍让贤奔走江南建立了吴国，太仓即为其属地。1961年在太仓城厢小西门出土的商代青铜戈，器形纹饰简洁，线条柔和，是江苏省内出土品中少见的商代晚期青铜珍品。

　　秦汉时期的太仓地属古娄县惠安乡。西汉时开浚的盐铁塘贯穿了太仓南北交通，促进了太仓西部地区农业经济的发展。城厢镇附近出土的带有"永佑子孙"篆字铭文的汉代砖砚以及东汉红陶罐、灰陶片等，是当时民众生活的实物佐证。

唐宋时期，大运河的开凿和南北方经济文化交流的密切，推动了江南经济的发展。据可靠记载，唐时的太仓娄江口出海航道已成为苏州的对外贸易门户，被称为"吴门"。1986年太仓化肥厂施工工地出土的隋唐古钱币就有15公斤之多。璜泾宋墓中出土的龙泉窑青瓷盖罐、青瓷粉盒，润如青玉，精巧细致。1990年南郊胜昔村出土的一批宋代石雕佛像体现了当时宗教石刻艺术的风格特点。这些都反映了当时太仓经济逐步发展，人口逐渐聚集增加的史实。

元明时期的太仓进入了历史发展上的黄金时代。凭借刘家港优越的地理位置和港航条件，依托经济繁荣的江南腹地，元政府开通了刘家港到直沽的海上漕运线路，并推行开放的外贸政策，刘家港迅即成为沟通海外的"天下第一码头"。明永乐三年（1405），明成祖命郑和率众二万七千余人，海船二百零八艘，"自太仓开洋"出使西洋各国，之后每次下西洋都以太仓为起锚地和归舶港。元明时期延续150年的大规模海运、商贸活动，使太仓成为中国东部沿海的重要港口，出现了空前繁荣。二十多年来，太仓元明航海文物考古和文物调查取得了不少收获。考古发掘出土的元明航海遗物主要有：1989年11月，城内盐铁塘东岸出土的长达6.05米的大型海船升降舵；1993年2月，东郊半泾湾一带出土一古残船，船型为平底沙船，该船全长19.5米，宽4.6米，共有13个舱；在沉船附近出土古船棕质缆绳一根，残长31米，直径约12厘米。经专家对这些海船遗物及伴随出土的瓷片等鉴定，上述航海文物的年代均在元末明初，是元明时期太仓开发海运和郑和下西洋留下的宝贵历史文化遗产。同时，郑和下西洋时代，太仓地区也有大量的军兵、水手、医士、船工等跟随郑和下西洋，他们在郑和船队中发挥了重要作用。本书选录的《周闻夫妇墓志铭碑》就是典型的例证，碑文中详细记述了太仓卫副千户周闻跟随郑和五下西洋，四次抵达的时间、地点，对考证郑和下西洋的往返时间有着重要的补正价值，具有重要的文物、史料价值。

明代太仓的繁荣不但表现在航海事业方面，也表现在农业、手工业、工商业的发展崛起及文教兴盛、名家辈出诸方面。太仓境内已发掘的古墓葬和遗址以明代居多，出土文物数量繁多，品种丰富，且不乏文物精品。1984年8月双凤镇南转村施贞石夫妇墓出土了随葬古籍四部，经上海图书馆的精心修复后装订为四套共50册，包括《居家必用事类全集》《古今考》《尺牍清裁》等。明墓出土古籍被业界认为是建国后出土纸制古籍成功修复的典范，也使其成为馆藏珍贵文物。同年，东郊明黄元会墓也出土了一批文物，其中一款五岳真形铜镜，圆形无镜纽，镜缘窄凸，镜背上的五岳图形与山岳实形相似，为道教符箓，是铜镜中最早出现的五岳真形图。该镜在江南地区属首次出土，具有典型的代表性。同时出土有一把洒金折扇，扇骨为斑竹质地，扇面为纸制洒金并勾以墨线斜交叉格，虽历经四百余年至今仍熠熠生辉。常见折扇以传世品居多，而出土的稀少，该扇的出土对了解和研究明代折扇工艺提供了珍贵的实物资料。2004年12月陆渡镇陆东村明墓出土有28件文物，其中三件玉器尤显珍贵。大小两支白玉发簪，质地细腻，簪首为圆雕如意凤鸟纹形，鸟作展翅欲飞状，鸟翅、鸟喙的雕刻手法极其精细，栩栩如生。另一件包金玉带板，和田白玉质地，玉质纯正润泽，正面为胡人舞狮浮雕，背面以金片包镶，两侧有如意衔环，四边角上各有两个牛鼻穿，供与革带相联结。此包金玉带板形制为江南地区出土文物中少见。这三件玉器的出土充分反映了明代苏作玉器的高超工艺水平。

清初，由于实行奖励农耕、兴修水利、重开海禁等鼓励政策，加之棉花等经济作物的广泛种植和刘家港南北货运的畅通，太仓经济得以较快恢复发展，当时的太仓享有"金太仓"的美誉。娄东画派、娄东诗派等文化流派也应运而生，大家迭出，声著全国。明末清初出现的娄东画派就是以太仓地名命名的，娄东画派以王时敏、王鉴为奠基，至王原祁时代基本完型，"四王"不仅左右了当时的宫廷画风，也极大地影响了清代文人山水画的主流。

本书选录的传世书画作品主要分为三部分：第一部分即为娄东画派作品，一类为娄东王氏后裔画作，包括王昱、王三锡、王应麟、王馥、王昀、王礼等。另一类是宗法娄东画派的画作，有太仓顾王霖、盛大士和湖州画家沈宗骞等人的作品。这些书画藏品体现了娄东画派的不同创作风格和特点。第二部分是非娄东画派的画家作品，其中王兆鹤的群猴跳盈得神，顾唐龙的兰竹娟秀可爱，而近代黄秋声的"芦蟹"曾引得齐白石为之挥毫："多而不繁，少而不疏，芦枝蟹只传秋声。"前两部分藏品绝大多数为太仓籍画家的精品画作，占全部选录书画作品近一半之多，充分体现了馆藏书画的地域特色。第三部分则为馆藏周边及江浙一带书画名家的作品，书家有明末清初归庄和清代王鸣盛、翁同龢、俞樾等人作品；画家中有清代马荃、刘源和近代海上画派代表蒲华等人的作品。这些书画作品也都具有较高的历史和艺术价值。碑拓中的元代《赵孟頫书法碑》包括《归去来辞》和《送李愿归盘谷序》两文共四块八面，笔法遒劲流畅，风度飘逸有致，书法风格较为成熟，为赵孟頫晚年行书的代表作品。

馆藏传世文物中陶瓷器也是一大亮点。早期的从新石器时代灰陶、西汉婺州窑原始瓷到宋代龙泉窑瓷等。令人注目的明清瓷器中青花瓷从明宣德青花大盘、万历青花官窑笔杆、天启青花婴戏碗到清代青花三足炉、青花缠枝莲尺盘、青花寿字碗等；彩瓷中的清代粉彩、五彩、斗彩瓷与单色釉中的明代德化窑白瓷、清代红釉、豆青釉、窑变釉、茶叶末釉瓷等交相辉映，这些藏品形象生动地展示了古代陶瓷器的制造工艺水平和发展轨迹，成为中国传统文化的重要组成部分。

　　本书收录太仓博物馆馆藏文物共140件（套），按陶瓷器、青铜器、古籍书画、玉石杂项四类分列，以时代先后为序，自成体系。这些文物从4500年前新石器时代的陶器、石器到明清时期的瓷器、玉器和书画碑拓等，年代跨度大，种类多，昭示了太仓古代历史文化的传承性和鲜明的地域性，记录了太仓辉煌的过去，也折射出中华历史文化的光华。

　　为展示太仓博物馆多年来收藏、研究的成果，弘扬娄东传统文化，为社会公众服务，我馆特编辑出版《太仓文物精华》。本书的出版是太仓文物考古工作者多年辛勤劳动的结晶，在编辑出版过程中，得到了太仓市各级领导和省内文博专家的热情关心和大力支持，得到了文物出版社在文物摄影、文字审校方面的鼎力相助，在此我们一并深表谢意！由于时间仓促，舛误在所难免，敬请广大读者赐教。愿本书的出版能让读者进一步感受太仓历史文化的魅力，分享先人的智慧和创造，展望太仓和谐美好的未来！

太 仓 博 物 馆

2007 年 2 月

Summary

Taicang, or Loudong, is situated in southeast Jiangsu Province of south China. To its north, the Yangtse River flows into the sea. Within its territory of more than 820 square kilometers, the long history has bestowed on Taicang a legacy of historic sites, including a cultural and historic town protected at a national-level and 34 sites protected at a national, provincial or county-level. All of those witnessed the past of this city, and show us its rich ancient culture.

Founded in 1987, the county-level Museum of Taicang is mainly used for the display of this old city's historic culture. Now it houses a collection of several thousands of cultural treasures, including porcelains, paintings and calligraphy, metal wares, jade and stone objects, grave tablets and stelae with inscriptions as well as stone and brick carvings. What are included in this book are superb relics unearthed during the years of excavations or those collected from the public but reliably dated. Through them, we can catch a glimpse of the development of Taicang's old civilization.

The excavation of the site of Weixin in Shuangfeng Town, revealed that our forefathers lived and worked in Taicang as early as 4500 years ago. This site, discovered in 2003 and attributed to the Liangzhu and Maqiao Cultures, was situated near the ancient coastline of 6000 years ago. It yielded relics such as pottery shards, objects made of stone and bone as well as remains including earth platform, post holes and ash of grass or wood. All of these tell us that our ancestors settled down here, and created primitive culture, the beginning of Taicang's history.

At the end of the Shang Dynasty, Taibo and Zhongyong, sons of Tanfu, head of the tribe of Zhou, went to the south of the Yangtze River and founded the state of Wu. Taicang was within its boundries.

In 1961, a bronze *ge*-weapon, dated to late Shang, was unearthed at Xiaoximen of Taicang city. It has simple designs carved with gentle lines, rarely seen in Jiangsu Province.

During Qin and Han Dynasties, Taicang was commanded by the Hui'an Township, Gulou County. The Western Han saw the deepening of Yantietang or Pool for Carrying Salt and Iron, which promoted the development of the agriculture in west Taicang. As to the life of the general public then, we can find a clue among the discoveries, such as the Han's brick inkslabs with seal characters meaning "bless descendants forever", and the Eastern Han's red pottery jars and grey pottery shards.

The digging of the Grand Canal and the frequent economic and cultural exchanges between the north and the south gave impetus to the development of the economy in south China in the Tang and Song Dynasties. According to reliable historical documents, Suzhou's foreign trade depended on the sea route starting from the mouth of Loujiang River in Taicang. In1986, about 15 kg of coins of Tang and Sui were unearthed at the construction site of a chemical fertilizer plant in Taicang. And from the Song tomb at Huangjing were found exquisite celadon wares. In1990, a batch of stone statues, with a style of Song's art of religious carvings, were discovered near the Shengxi Village. They are evidence for the growth of economy and the increase of population in Taicang then.

Taicang reached to its peak during the Yuan and Ming Dynasties. The government of Yuan opened a sea transportation route from Liujiagang to Zhigu, and carried out an open policy of foreign trade. Therefore, Liujiagang harbor rapidly became "The First Dock Under the Sun" connecting China to the foreign countries. In the 3rd year during the Yongle period of Ming, Zheng He, in accordance with emperor Chengzu's decree, leaded a fleet of 208 ships with a crew of over 27 thousand members to the western world from

Taicang. Afterwards, he started from and returned to Taicang on his six diplomatic missions. The 150 years of sea transportation and foreign trade created the important harbor of Taicang on the coast in east China. In recent 20 years, workers have achieved achievements in the general survey and archaeology of cultural relics associated with navigation. Such can be perceived in the following discoveries: the 6.05-meter-long helm of a large ship unearthed in November, 1989 in Taicang city; the broken ship, 19.5 meters long and 4.6 wide, with flat bottom and 13 cabins found in February, 1993 near Banjingwan in suburb of Taicang; and part of a coir mooring rope, 31 meters long and about 12 centimeters in diameter. All of those were dated by experts to the end of Yuan or the beginning of Ming. They witnessed Taicang's foreign trade during Yuan and Ming, and have become rare legacy of Taicang's sea transportation. Many soldiers, sailors, doctors and boatmen from Taicang were among Zheng He's crew, who played an important role in the voyage across the western oceans. This is illustrated by the tombstone with inscriptions for Zhou Wen and his wife included in this book. Zhou Wen, a follower of Zheng He, went to the western world for five rounds. His voyage was recounted in the epitaph, which has significant values for the research on the history associated with Zheng He.

Apart from prosperous foreign trade, Taicang's agriculture, handicraft industry and commerce also developed rapidly during the Ming Dynasty, an age of talented people coming forth in large numbers in Taicang. Amongst the excavated old tombs and sites, those dated to Ming are the most. From them were unearthed numerous relics of different varieties and types, some of which can be attributed to superb ones. In August, 1984, four ancient books were found in the tomb of Shi Zhenshi and his wife at the Nanzhuan Village of Shuangfeng Town. They were later sent to the Library of Shanghai for careful restoration. Thus 4 sets of 50 volumes came out. Its restoration was considered to be a typical example of its kind since the founding of the PRC. In the same year, some relics were found in Huang Yuanhui's tomb in the east suburb of Taicang. One of them was a bronze mirror with signs symbolizing the famous five mountains in China. This round object has a narrow but protruding edge, with no knob. The signs on it are Taoist amulets, the earliest on bronze mirrors discovered up to now. Together with the mirror was a folding fan with paper covering dotted with gold painted in ink stuck onto the ribs of mottled bamboo. Its glitter didn't fade though it had been underground for over 400 years. People can often appreciate fans handed down from generation to generation, but rarely see those unearthed. Therefore, this folding fan became precious material for the study of the craftsmanship of Ming's folding fans. In December, 2004, 28 burial objects, including 3 rare jade articles, were dug out in a tomb of Ming at the Ludong Village of Ludu Town. Two white jade hairpins, one large and the other small, have dense yet delicate texture. One end of them is a flying phoenix in round carving. The third one is a plate of white Hetian jade which has shiny yet gentle luster, covered with gold on the back side, decorated with Tartar playing with lion on the front side and *ruyi* (sceptre)holding a ring on the other two sides. These jade articles reflect the superb skill of the craftsmen in Jiangsu's jade workshops.

The beginning of Qing saw the rapid recovery of Taicang's economy, for the government issued a series of policies to encourage farming, build water conservancy projects and lift the ban on maritime trade. In this context, the Loudong School of Painters arose, together with the Loudong School of Poets. And masters well known then in China increased day by day. Wang Shimin and Wang Jian were the founders of the Loudong School of Painters, which came into being at the age of Wang Yuanqi. The four painters of the Wang family not only dominated the style of the imperial court paintings, but also had great influence on the works of landscape by the painters of letters.

The paintings and calligraphy in this book are composed of three parts: part 1 compries works from the Loudong School of Painters, i.e. the descendants of the Wang family and painters who learned from the Loudong School of Painters, such as Gu Wanglin, Sheng Dashi and Shen Zongqian; part 2 includes works from those who were not members of the Loudong School of Painters, such as Wang Zhaohe who was good at drawing monkeys, Gu Tanglong who could draw elegant orchid and bamboo, and Huang Qiusheng, whose "Crab" was left with inscriptions of Qi Baishi; part 3 is works from the calligraphers and painters who lived near Taicang or in Zhejiang, namely Gui Zhuang, Wang Mingsheng, Wong Tonghe , Yu Yue, Ma Quan, Liu Yuan and Pu Hua.

The ceramics collected from the public is a highlight among the collection in the Museum of Taicang. There are grey pottery of the Neolithic Age, and proto-celadon wares of the Han Dynasty as well as Song's porcelain objects from Longquan Kiln. What catch people's eyes are the blue-and-white porcelains of both Ming and Qing, Qing's porcelains with famille rose, polychrome decorations or contrasted colors, as well as Ming's white porcelain from Dehua Kiln and Qing's wares in monochromatic glaze. All of those vividly tell of the technical level of ancient potters and the developmental course of ceramics. They are important component of traditional Chinese culture.

About 140 pieces (or sets) of treasures from the Museum of Taicang are included in this book. They are divided into four varieties, namely pottery and porcelain wares, bronze wares, paintings and calligraphy as well as jade and stone objects, which are compiled in a chorological sequence. This book would not have been possible without years of the dedicated work of Taicang's workers in the field of cultural heritage. We take this opportunity to express our appreciation of the support of senior and junior officials in Taicang City, the assistance of experts concerned in Jiangsu Province, and the co-operation of Cultural Relics Press. It is our hope that through this book, readers will gain a deeper understanding of the fascinating historic culture of Taicang, share with us the wisdom and creativity of our forefathers and look forward to a beautiful future.

Museum of Taicang

February 2007

太仓文物精华·陶瓷器

陶瓷器

〔马桥文化〕距今 3800 年　几何印纹灰陶罐
Grey pottery jar with impressed geometrical design　Maqiao Culture

高 25 厘米　口径 20 厘米　底径 9 厘米

　　2003 年太仓双凤维新遗址出土。维新遗址是一处良渚文化到马桥文化的早期文化遗址，它的发现不但填补了太仓原始文化的空白，而且由此将太仓的人文历史推到了四千多年前。该器在遗址编号为 T2413 探方的红烧土堆积下层发现。灰陶是我国最早出现的一种陶器，因表面呈灰色或灰黑色而得名。以新石器时代至汉代最为流行，分泥质灰陶和夹砂灰陶。该灰陶罐为陶土经过淘洗的泥质灰陶，敞口、立领、短颈、溜肩、鼓腹、圜底，肩腹部拍印有几何印纹。几何印纹陶较一般陶器细腻而坚硬。此器属当时的一种盛水器，容量较大，器形端庄，给人以饱满、柔和的感觉，为马桥文化的典型器物。

〔西汉〕原始青瓷鼎

Proto-celadon *ding*-vessel　Western Han

通高 18.8 厘米　口径 15.8 厘米　底径 15 厘米

　　子母口，两侧有高于鼎盖的长方形双耳，耳上部外撇，耳面饰兽面纹。深腹，腹中部有折棱一道，圜底，下置三兽足。鼎盖为覆钵状，上附尖锥状三组，盖施青黄釉，部分脱落，器身无釉，露胎处呈淡紫色。系仿青铜鼎样式烧造，造型古朴典雅，艺术性与实用性兼具，是西汉婺州窑原始瓷代表性器物之一。

〔西汉〕青釉陶壶

Pottery jar in celadon glaze　Western Han

高 22 厘米　口径 11.6 厘米　底径 9.4 厘米

　　喇叭口，直颈，溜肩，球腹，平足。肩两侧置对称双竖耳，耳面压印纵向凹纹一道，颈部饰一组细密水波纹，肩部和上腹部各饰一周细凹弦纹，下腹部压印数道凹弦纹。上腹部施青黄釉，下腹部及底部无釉。造型规整，肩部及两系装饰颇具特色，为典型的婺州窑产品。

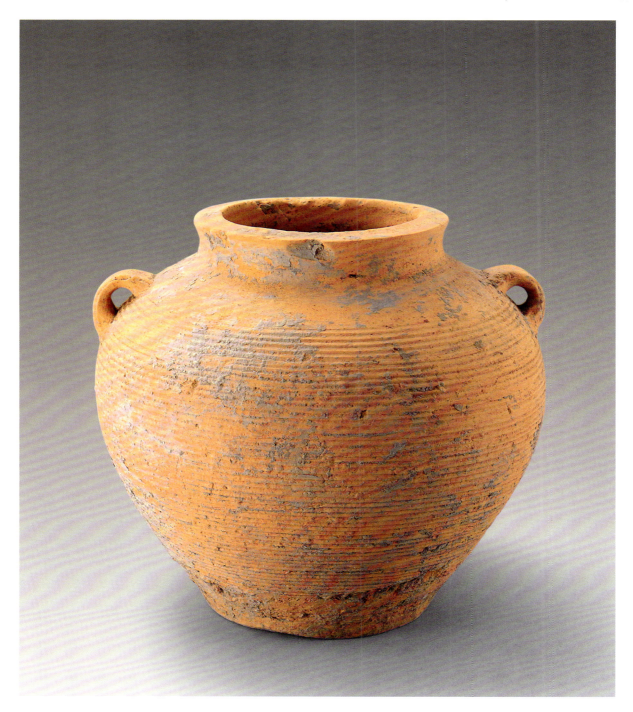

〔东汉〕红陶罐
Red pottery jar　Eastern Han

高 26 厘米　口径 16 厘米　底径 15 厘米

　　1989年太仓城西郊砖瓦厂地下3米处出土。红陶与灰陶一样都是我国最早出现的陶器种类，该器为陶土比较细腻的泥质红陶。直口、平沿内凹，短颈、溜肩、鼓腹、平底，肩部饰对称半环状系，胎体自肩部至下腹有数道瓦沟状弦纹。器形完整，造型端庄。

〔宋〕龙泉窑盖罐

Covered jar from Longquan Kiln　Song Dynasty

高 5.3 厘米　最大腹径 6.8 厘米

　　1979 年出土于太仓璜泾宋墓。龙泉窑以烧造粉青、梅子青等青釉产品著称，窑址在浙江省龙泉县境内。该器子母合盖，盖面呈内高外低双圈状，有圆平纽，罐身直口，圆鼓肩，自腹部向下渐收，圈足。整器内外均施粉青釉，釉色青绿淡雅，宛如青玉，器型制作规整，小巧精致。

〔宋〕彭城窑白釉罐

White glazed jar from Pengcheng Kiln　Song Dynasty

高 21 厘米　口径 7 厘米　底径 9 厘米

　　太仓鹿河出土。彭城窑是宋元时期著名民窑磁州窑的三大中心窑场之一，窑址在今河北邯郸市彭城镇附近，彭城窑开始出现于宋代。该罐为唇口，短颈，丰肩，自肩向下内收，圈足。器身施白釉，白中微闪黄。整器造型厚重耐用，为当时民间日常用品。

〔宋〕影青觯瓶
Misty blue porcelain *zhi*-style vase　　Song Dynasty

高 14 厘米　口径 5.5 厘米

　　影青又叫映青、青白釉，为北宋景德镇窑所创烧的一种颜色在青色和白色之间的瓷器。觯是盛行于商周至春秋晚期的一种酒器。该器为宋代仿商周觯的式样而烧制，椭圆形器身，侈口，束颈，深腹鼓起且下垂，宽圈足呈外撇状，胎体腹部有刻划花纹，因采用正烧法，故口部和器身都施釉，而底足无釉。

〔宋〕青瓷粉盒

Celadon powder case　Song Dynasty

高7厘米　口径9厘米

　　1990年太仓娄东伟阳窑厂出土。瓷盒自唐代出现，主要用途是盛放芡、香料及妇女化妆品。该盒为菊瓣形式样，器身与器盖作子母口扣合，圈足，盒面弧平，盖顶堆塑一蒂形纽，外圈刻划有菊瓣形纹饰，具有浅浮雕般效果。通体除圈足及底部外，其余都施青色釉，青中闪黄。从釉色及刻划纹饰来看，应为北宋器物。

〔元〕磁州窑白釉黑花盖罐

White glazed jar with black pattern from Cizhou Kiln　Yuan Dynasty

高 25 厘米　口径 18 厘米　底径 13.5 厘米

　　1986年太仓城北古塘河畔啤酒厂工地出土。磁州窑是宋元时期我国北方著名民窑，窑址在今河北邯郸一带。磁州窑产品胎骨较厚，质地坚密，胎色灰白，多施有化妆土。该器盖面呈斗笠状，上有一圆平纽，罐形为直口、平肩、鼓腹，下腹至底部内收、平底。釉色品种为釉下白釉黑彩，白色微闪黄，黑花呈褐色，罐盖及罐身上半部饰有植物花卉纹。该器造型古朴典雅，色彩黑白分明，是典型的元代白釉黑彩器物。

〔元〕龙泉窑青瓷开片盆

Celadon cracklin basin from Longquan Kiln　Yuan Dynasty

高 5 厘米　口径 25 厘米　底径 14 厘米

　　1990 年太仓电视台电视塔工地出土。敞口，浅腹、弧形壁，圈足。内外施青釉，釉面有开片纹，盘内饰弦纹一周，中心有模印花纹。因元代龙泉窑盘碗类器物一般都用圈形窑具进行支烧，所以盘外底有大块脐状釉，这是典型的元代龙泉窑烧造法。

〔元〕龙泉窑青瓷三足炉

Celadon censer with three feet from Longquan Kiln   Yuan Dynasty

高 8.7 厘米　口径 12 厘米

　　1992 年太仓娄东半泾河出土。该器为炉身呈圆筒状的筒式炉，流行于唐至清代。三足腾空缩向器物胫部的造型是元以后出现的，三足这里只起装饰作用。无釉平砂底，器身施闪黄青釉，釉面见小开片纹。造型及釉色均符合元代龙泉窑器物特征。

〔元〕龙泉窑青瓷花瓶

Celadon flower vase from Longquan Kiln　Yuan Dynasty

一对　高 14.5 厘米　底径 4.5 厘米

　　太仓茜泾将军墓出土，为长颈瓶（锥把瓶）器型、小口、细长颈、圆腹、圈足，外施粉青釉不到底，釉面见细小冰裂纹。因元代龙泉窑瓶、罐类器物采用正烧法，故圈足及底部无釉，其他部位都有釉，这也是典型的元代龙泉窑烧造法。

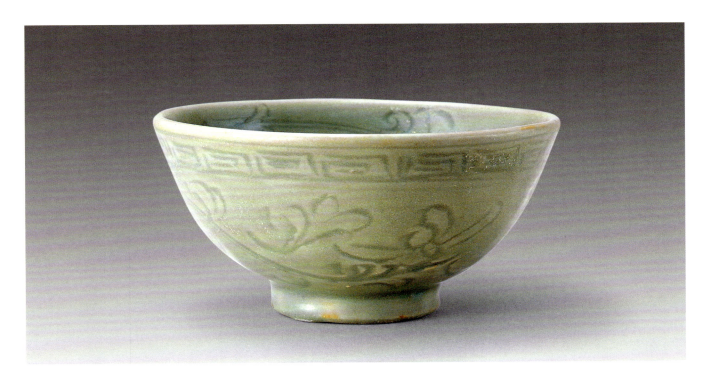

〔明〕龙泉窑青瓷勾莲暗花诸葛碗
Celadon bowl with hidden pattern of interlocking lotus from Longquan Kiln　Ming Dynasty

高 10.3 厘米　口径 20 厘米

　　诸葛碗又称孔明碗，始于北宋龙泉窑。该器造型为两只碗套合在一起，两碗间中空，足底有一圆形孔相通，因而得名。此碗外施青绿色釉，碗壁暗刻有勾莲纹饰，釉色沉稳，造型独特。

〔元末明初〕龙泉窑青瓷刻花碗
Celadon bowl with carved design from Longquan Kiln　End of Yuan or Beginning of Ming

高 7.5 厘米　口径 15 厘米　底径 6 厘米

　　1986 年城北古塘河畔啤酒厂工地出土。敛口，深腹，圈足。该碗胎质厚密，施黄绿色釉，釉层较厚，器物底部不施釉，而圈足有釉，外底中心还有脐状釉，这与元代碗、盘采用圈形窑具支烧法有关。碗内外均饰有刻划缠枝花卉纹，碗口外边缘有回纹图案一周，线条流畅，技法娴熟，纹饰立体感强。从器型、釉色、花纹看应属元末器物。

〔明〕龙泉窑青瓷尺盘
Celadon plate from Longquan Kiln　Ming Dynasty

高 6.8 厘米　口径 34.5 厘米　底径 18.8 厘米

　　该盘敞口，斜弧腹，平底，圈足，胎体较厚，通体内外施青釉。盘内壁模印莲瓣式棱，内心为模印折枝花卉。此盘形制较大，制作规整，釉色润泽，造型典雅大方，从造型、釉色、纹饰看都具有典型的明代龙泉窑瓷器特点。

〔明〕龙泉窑青瓷三足香炉
Tripod celadon censer from Longquan Kiln　Ming Dynasty

高 10.8 厘米　口径 11.2 厘米

　　太仓鹿河出土。方唇，折沿，束颈，圆肩鼓腹，袋足。通体施青釉、釉汁凝重肥厚，光泽度强。造型古朴典雅，是明代龙泉窑瓷器中的佳品。

〔明〕龙泉窑狮耳洗

Porcelain brush washer with lion handles from Longquan Kiln   Ming Dynasty

高 4.5 厘米　口径 5.8 厘米

　　太仓茜泾出土。洗为盥洗用具，用途相当于脸盆。而这里的小洗应为文房用品，敛口、鼓腹、圈足，内外施粉青釉，富有光泽，上腹部堆饰有对称的小狮头、口、眼、鼻准确生动。整器小巧精致，惹人喜爱。

〔明〕哥釉棕色开片碗

Ge-style glazed porcelain bowl　　Ming Dynasty

高 6.5 厘米　口径 14.8 厘米　底径 5.8 厘米

　　太仓鹿河出土。哥窑是宋代五大名窑之一，盛烧于南宋至元代。哥窑瓷是一种以釉面开片为主要特征的瓷器。明永乐末年始有仿品，俗称"哥釉"或"哥瓷"。此器为明代哥釉瓷、敞口、深弧腹、圈足、胎体细薄，内外施浅棕色釉，开片整齐。

〔明〕德化窑白瓷套杯
A set of white porcelain cups from Dehua Kiln　Ming Dynasty

一套四只　最大高8厘米　口径14厘米×10.3厘米

　　明代德化窑白瓷胎质细密，透光度好，釉面光润明亮，乳如白脂，胎釉浑然一体，有"猪油白"之称。该杯菱形口，削腹，圈足。通体施白釉，釉呈猪油白色。用堆贴花和浮雕两种装饰手法，在杯上分别饰有松、竹、鹤、鹿等纹饰，花纹有较强的立体感。此杯一套四只，造型、胎釉、装饰都颇为精良。

〔明〕青花盖罐

Blue-and-white covered jar　Ming Dynasty

高8厘米　口径6厘米　底径7厘米

　　1986年太仓城北古塘河畔啤酒厂工地出土。白地蓝花的青花瓷器是中国传统的釉下彩品种，唐代开始出现，元后期成熟，明清成为我国陶瓷中最负盛名的品种。该器为小型盖罐，宝珠顶纽，直口丰肩，圆鼓腹，向下内敛，矮圈足，砂底，露胎处见火石红。胎质厚，釉色发青，青花发灰且有流涡感，饰缠枝莲纹。从胎质、釉色、纹饰看应为明代"空白期"瓷器。明代正统、景泰、天顺三朝共约三十年（1436—1464），社会动荡，瓷业不振，官窑一度停烧，陶瓷界称为"空白期"，所见瓷器均为民窑所产。该罐造型小巧端庄，釉色沉稳，器表虽有土蚀痕，但亦不失为"空白期"的典型青花瓷。

〔明宣德〕菱花边形青花大盆

Blue-and-white basin with flower-like rim　Xuande Period of Ming Dynasty

高7.4厘米　口径37.4厘米　底径24厘米

　　明代初期的永乐、宣德两朝青花瓷器用料是郑和下西洋期间从海外带回的苏泥勃青，这一时期青花瓷正处于鼎盛期，成为中国青花瓷的典范。该器盘口为菱花边形、板沿，盘壁瓣形斜直，细砂平底，圈足；内外均饰有两两对称的缠枝牡丹、莲花、菊花图案；胎质细白而坚密，釉面肥厚滋润，釉色呈淡淡的湖水青，有沁入胎骨的铁锈斑，表面呈典型的橘皮釉状。整器造型大方精巧，青花色泽恬静雅致，构图严谨，画功娴熟，为明宣德青花瓷中的典型器物。

〔明〕黄绿紫釉陶虎枕
Pottery tiger-shaped pillow in yellow, green and purple glaze   Ming Dynasty

高 12.4 厘米   长 38.5 厘米

　　1972 年双凤凤东二队明墓出土。枕为寝具和医疗用具，始创于隋，流行于其后各朝。古人
认为枕能清凉去热、驱火明目，并有辟邪作用，因之应用广泛。该器为二次烧造的低温彩釉陶
枕。虎枕呈横卧状，头微侧，虎舌微露，虎足前伸，虎尾卷曲。在虎眉、颈、身等处刻划有数道
花纹。虎背枕面形似萌芽，内有阴刻纹一周。通体施黄釉，枕背及刻划纹处施绿、紫彩釉。整器
主题明确，形象生动，笔法简练有力，釉色莹润雅洁，是一件实用性与艺术性完美结合的藏品。

〔明〕回青盘口瓶

Vase in fine cobalt blue with dish-like mouth   Ming Dynasty

高 18.5 厘米   口径 4.5 厘米

　　1974年娄东乡太东一队出土。该器为盘口瓶，但盘口浅而小，仅是象征性装饰，短颈、丰肩、腹部内收，浅圈足。通体施回青釉。回青釉是蓝釉的一种，明嘉靖时新创，呈色沉稳，没有刺眼的浮光。该瓶从器型和釉色看应为明晚期民窑烧造的寺庙所用祭器。

〔明万历〕青花瓷笔杆
Blue-and-white porcelain shaft of a writing brush
Wanli Period of Ming Dynasty

长 18 厘米　径 1.3 厘米

　　明代万历时期的瓷器造型丰富多彩。这款文房用品笔杆为青花瓷质地，笔杆釉色与一般的白地蓝花不同，为蓝地白花，从发色看使用的是回青料，色泽浓艳泛紫，应为万历早期器物。纹饰为云龙纹，侧身行龙，龙嘴呈张开状，笔杆上端有"大明万历年制"六字楷书横款，下端饰有青花回纹，是较为少见的明代蓝地白花官窑器物。

〔明万历〕青花草丛小碟
Blue-and-white dish with grass pattern　Wanli Period of Ming Dynasty

口径13.5厘米

　　明代万历后期青花料由前期的回青改用浙料，青花色泽蓝中泛灰、素雅沉静。这对青花小碟，敞口，浅弧腹，圈足，平底。釉色白中闪青，青花呈蓝中带灰。盘内绘草虫花卉和"杂宝"纹饰，从青花发色和纹饰看应为明万历晚期器物。

〔明天启〕青花婴戏小碗

Blue-and-white bowl with pattern of playing children　Tianqi Period of Ming Dynasty

高 6.4 厘米　口径 13.9 厘米　底径 5 厘米

　　敞口，深弧腹，下腹渐收，底心微突，圈足。青花纹饰，碗内口沿饰弦纹一周，底心绘小孩蹴鞠图，外口沿和圈足饰双圈弦纹，外壁为婴戏图，小孩双肩高耸，有的放风筝，有的吹喇叭，有的舞枪弄棒等。该碗胎体较薄，釉色白中泛青，青花用料为石子青，发色清淡。特别是婴戏图纹饰，空无背景，造型夸张，笔意简率，颇具晚明的时代特点。

〔清康熙〕青花三足炉

Blue-and-white censer with three feet　Kangxi Period of Qing Dynasty

通高 10.5 厘米　口径 6.9 厘米

　　该器为仿商周青铜鼎式样而制成的鼎式青花瓷香炉。立耳、深直腹、柱足细长呈外撇状。炉体青花纹饰画工精细，颈部上下分别饰有联珠纹和回纹一周，中间为锦地开光内绘四组折枝莲花纹饰，腹部锦地开光内亦绘两两对称的折枝花卉，三足顶饰有兽首，其下双圈弦纹内有祥云朵朵。青花呈色淡雅，绘功细密繁复，从一个侧面反映了康熙朝高超的手工艺制作水平。

〔清康熙〕青花山水瓶

Blue-and-white vase with pattern of landscape　Kangxi Period of Qing Dynasty

高 23 厘米　口径 8.8 厘米　底径 7.9 厘米

　　康熙朝青花瓷器是清代景德镇青花中最精美的产品，使用国产的浙青料，烧成后色泽鲜艳，青蓝纯净。该瓶撇口、束颈、鼓腹，高圈足呈外撇状，整器的弧线变化柔和匀称，釉色白中微闪青。瓶腹外壁以青花绘一幅山水图，远山气势雄峻，溪水中摇曳着丛丛水草，树木枝叶扶疏，呈现出一片深秋的景色。整个画面用笔工细，青花勾勒渲染，线条粗细有致，充分表现出康熙青花色泽鲜艳、层次分明的特点。

〔清康熙〕青花斗彩海水龙纹盘

Porcelain plate with pattern of dragon in seawater in blue-white and contrasted colors
Kangxi Period of Qing Dynasty

高 3.7 厘米　口径 21 厘米　底径 12.3 厘米

　　这是一款集青花、红彩、斗彩等装饰手法于一的瓷盘。康熙朝青花瓷的生产无论在数量和质量方面均为清代之冠；红彩是釉料中加入铜为着色剂后焙烧而成；斗彩则是釉下青花和釉上彩绘结合的彩瓷品种。该盘敞口、浅弧腹、平底、矮圈足。盘内壁用红彩绘一蛟龙腾越海面，张牙舞爪、凶猛威武。其下用青花绘海水云雾，波涛汹涌，海中嶙峋的山石用斗彩表现，山石以青花勾边，其内填绿彩。盘外壁用青花红彩绘双龙祥云。主题纹饰为典型的康熙"海水立龙"形象，"寿山福海"则寓意多福多寿。整器制作规整，青花呈色鲜丽，层次分明。尤其将青花、红彩、斗彩三种彩色结合来装饰一件器物更显可贵，是康熙朝进入中国古代制瓷业高峰的具体表现。该器为康熙官窑瓷器中的佳品。

〔清康熙〕祭红七寸盘

Sacrificial red porcelain plate　　Kangxi Period of Qing Dynasty

口径17.5厘米　底径10.6厘米

　　祭红是红釉中的一个品种，以铜作呈色剂在还原气氛中以高温烧成，因可作祭祀用器而得名。该盘敞口微侈，弧形浅壁、平底，矮圈足，足端旋削成泥鳅背光滑状。薄胎、胎质细腻、素面内外壁施祭红釉，器底部施透明釉，器底有青花双圈"大清康熙年制"六字楷书款。

〔清康熙〕白瓷人像

White porcelain human figure　Kangxi Period of Qing Dynasty

通高 17 厘米

　　这尊白瓷像是福建德化窑瓷塑作品。德化盛产的瓷土含长矿石较多且质软，成品呈半透明的猪油状，俗称"猪油白"。其烧成温度低，适宜塑像的烧造。该像呈坐姿，头略前伸，两眼似微闭状，双手相握于右侧，双脚赤裸，后披盖头下垂至背部，身穿长袍，衣褶线条自然流畅。瓷像厚胎白釉，滋润柔滑，整体外观形象沉稳素雅，雍容大度，为清代德化窑瓷塑佳作。

〔清康熙〕五彩笔架
Polychrome brush rest　Kangxi Period of Qing Dynasty

高 7.6 厘米　宽 10.1 厘米

　　笔架是写字作画时搁置湿笔的专用文具。五彩是在已经烧成的瓷器上用红、黄、绿、蓝等多种色彩，将花纹图案饰于釉上，再在彩炉中焙烧而成。其特点是色彩丰富繁多，效果浓艳热烈。明万历、清康熙是五彩瓷的光辉期。这座瓷笔架式样以起伏的山峦为主体而互相连属，笔架正面以五彩饰以寿山福海图案。该笔架虽体量不大，彩绘面积小，却也体现出五彩瓷的色彩特点。

〔清雍正〕哥釉秋叶盘

Ge-style glazed plate in the form of a leaf in fall   Yongzheng Period of Qing Dynasty

口径15厘米×8.3厘米

　　此器为笔添，属文房用具。呈秋叶状，叶边上卷呈浅壁，叶脉分为若干小块供调色用，底部有支钉。为仿哥釉瓷，内外施粉青釉，满布开片纹，粗纹色黑、细纹色黄，呈大小开片相结合的"金丝铁线"状。该器釉色莹润，开片疏明，造型生动可人，为案头赏用合一之物。

〔清雍正〕青花缠枝莲花尺盆

Blue-and-white basin with interlocking lotus branches
Yongzhen Period of Qing Dynasty

高 6 厘米　口径 34.6 厘米　底径 22.4 厘米

　　敞口、浅腹，腹壁略有弧度，矮圈足，圈足外墙略内敛、修足规整、平砂底。胎质白净、质坚致，通体施透明釉，釉色泛青，釉面有明显的橘皮纹。盘内外满绘青花纹饰、口沿和盘底各绘回纹和卷草纹一周，其内绘缠枝莲花图案。此盘画工精细，青花呈色浓淡相间，重笔点染的纹饰可见深蓝色斑点，具有雍正仿永宣青花发色的特征，是景德镇民窑烧制的雍正青花瓷盘中的上品。

〔清雍正〕青花花形边盘

Blue-and-white plate with flower-like rim   Yongzheng Period of Qing Dynasty

高 3.7 厘米   口径 19.7 厘米   底径 12 厘米

敞口，口沿呈花形略侈，斜弧腹部，平底，圈足。胎质洁白细腻，釉色莹润。内外壁均绘青花纹饰，内底中心为呈散射状的曲线花蕊，其外为规则扩散的花瓣，花瓣内绘两两对称的灵芝和花果图案，盘底有双圈青花内窗格款识。该盘器型规整，图案纹饰明快而富有特色，从青花纹饰及款识来看应为雍正时期德化窑青花瓷的产品。

〔清雍正〕青花百寿图盘
Blue-and-white plate with one hundred forms of Chinese character *shou*(longevity)
Yongzheng Period of Qing Dynasty

口径 20 厘米　底径 11 厘米

　　此盘为清代康雍乾时期较盛行的吉祥文字百寿图盘。敞口、弧腹、矮圈足、平底。内外壁满饰"寿"字，盘内中心一大寿，周围三圈小寿，俗称"百寿图"。底部有双圈青花"大清雍正年制"六字楷书款。

〔清雍正〕青花夔龙盘
Blue-and-white plate with *kui*-dragon pattern　　Yongzheng Period of Qing Dynasty

口径20厘米　底径11.8厘米

　　敞口，浅弧腹，圈足外墙略内敛，修足规整，平底。器内外施透明釉，纹饰以青花绘成。盘内主题纹饰为缠枝灵芝夔龙纹。夔龙张口屈体，双翼展开呈飞翔状。外壁口沿两周弦纹下绘灵芝四枝。整器造型规整，胎质细腻白净，烧结坚致，釉质肥润莹澈。

〔清雍正〕青花萝卜尊
Blue-and-white radish-shaped *zun*　　Yongzheng Period of Qing Dynasty

高19厘米　口径4.5厘米　底径5.5厘米

　　萝卜尊又称莱菔尊，因形似萝卜而得名，流行于清代康熙之后。该器为广口、短颈、肩略鼓，其下渐收，细长腹，平砂底，足底向外斜削。胎质细腻，白釉闪青，外壁以青花绘喜鹊和梅花图案，寓意"喜上眉梢"。青花发色蓝黑，纹饰中可见人工点染的仿永宣青花发色的黑色结晶斑。器型及青花发色符合雍正晚期青花瓷器的特点。

〔清雍正〕青花薄胎龙纹盘
Blue-and-white eggshell plate with dragon pattern
Yongzheng Period of Qing Dynasty

对盘　口径14.5厘米　底径9.8厘米

　　敞口，浅弧腹，矮圈足，平底。胎薄，胎质细腻洁白，足端旋削规整。盘内外施透明釉，釉
色莹润。盘内纹饰为青花线描祥云龙纹，工整精细，生动逼真，外壁为海水祥云纹。器底中心
有青花双圈"大清雍正年制"六字楷书款。该盘纹饰仅用青花勾勒轮廓，其间留有空白，不成
整体图案，应属青花彩瓷的半成品，但其器底款识字体工整，当为雍正青花瓷中的上品。

〔清雍正〕青花薄胎凤纹盘

Blue-and-white eggshell plate with phoenix pattern

Yongzheng Period of Qing Dynasty

对盘　口径15.5厘米　底径9.4厘米

　　敞口，折沿，斜弧腹，平底，矮圈足。胎质纯净，釉色光亮洁白，器内外以青花为饰，盘沿绘波涛纹一周，内心双阔弦纹内用青花勾勒一凤，双翼伸展，长尾拖曳，其翼下为缠枝花卉图案，盘外壁亦绘有凤、花图案。这两件盘胎体轻薄，画工精细，为雍正民窑青花器中的佳品。

〔清雍正〕粉彩五腰套杯

A set of cups with famille rose decoration　Yongzheng Period of Qing Dynasty

一套五只　最大高5.6厘米　口径9厘米

　　粉彩是清代釉上彩绘瓷器的一种，因色料中掺有铅粉而得名，始于康熙晚期，盛于雍正时期。套杯由大小若干个为一组，依次套叠合成一体，故名。多见于清雍正至道光时期。这组套杯大小五个一组，形似倒置的马蹄形，敞口外翻，腹内收，平底，浅足。瓷器胎薄而色白，外壁绘花蝶纹饰，图案色彩丰富，特别是花瓣纹呈现出浓淡明暗、层次分明的效果。这组套杯器型规整，小巧玲珑，粉彩绘画笔法细腻，色泽柔和清雅，令人赏心悦目，属雍正民窑粉彩器中的精品。

〔清雍正〕粉彩寿星立像
Figure of the God of Longevity with
famille rose decoration
Yongzheng Period of Qing Dynasty

通高 22 厘米

　　这是一尊粉彩瓷寿星像。寿星站在绘有
红色莲花的须弥座上，光头凸额、两耳贴腮、
长须髯髯、笑容可掬，右手弯曲，掌内持一
寿桃，身着长袍，上绘有卷云纹，袍服正面
及两侧写有"寿"字。该像胎体厚重，其内
中空，粉彩鲜艳，表情自然，形神兼备。

〔清雍正〕豆青釉花边敞口碗

Pea green glazed bowl with flower-like rim　Yongzheng Period of Qing Dynasty

高 7.4 厘米　口径 25.6 厘米　底径 9.5 厘米

　　以微量铁为呈色剂的青釉，是我国最古老的色釉。青釉瓷烧造工艺在清雍正时完全成熟，主要有豆青、冬青和粉青等种类。该器为雍正青釉中的豆青釉品种，因釉色恰如豆青而得名。敞口、折沿呈花瓣形，浅腹略带弧，平底，高圈足，足底呈圆滑的泥鳅背状。施豆青釉，碗壁内外以碗底为中心暗刻水波纹饰一周。整器造型规整、釉色匀净，纹饰简洁大方。

〔清乾隆〕青花蝴蝶花盘

Blue-and-white plate with butterfly pattern　Qianlong Period of Qing Dynasty

口径 16 厘米　底径 12 厘米

　　敞口，浅弧腹，平底，矮圈足。盘内纹饰为青花蝴蝶花纹，以盘心为中心共饰有四朵蝴蝶花，头似梅朵，身躯似瓶花，外壁以青花线描三丛如意灵芝。器底有青花"大清乾隆年制"篆书章形款。

〔清乾隆〕青花寿字碗
Blue-and-white bowl with Chinese character *shou* (longevity)
Qianlong Period of Qing Dynasty

高 5.2 厘米　口径 14.5 厘米　底径 5 厘米

　　青花福寿碗是清中期流行的民间用来作寿庆贺的器皿。此碗敞口，弧形深腹，下腹内收，圈足，平底。胎质细腻坚硬，厚薄均匀。碗内壁白素，外壁满绘四组缠枝花卉捧寿字纹饰，可见人工绘铁锈斑点。该器青花渲染浓淡相间，给人以淡雅之感。

〔清乾隆〕青花釉里红盘

Blue-and-white plate with pattern in underglaze red

Qianlong Period of Qing Dynasty

口径 20.3 厘米　底径 15 厘米

　　釉里红是瓷胎上用铜料彩绘施釉后在高温还原气氛下烧成的传统釉下彩品种，器表呈白地红花。元代始烧，明宣德和清康熙烧造的釉里红较成功。在雍正、乾隆年间，又推出了青花釉里红，将这两种釉下彩绘集于同一器物上，在透明釉的覆盖下，经高温烧煅而成，改变了以前只绘一色之单调。该盘即为青花釉里红器，敞口、略外撇、浅弧腹、平底、圈足。胎薄、胎质细腻，器底有"大清乾隆年制"六字篆书章形款。采用青花釉里红装饰，内外口沿饰以青花双圈，盘底中心为一折枝牡丹，周围饰以三组折枝花卉，都以青花勾勒花边，其内点以釉里红彩。此盘青红两色互相映衬，显得分外妖娆，令人赏心悦目。

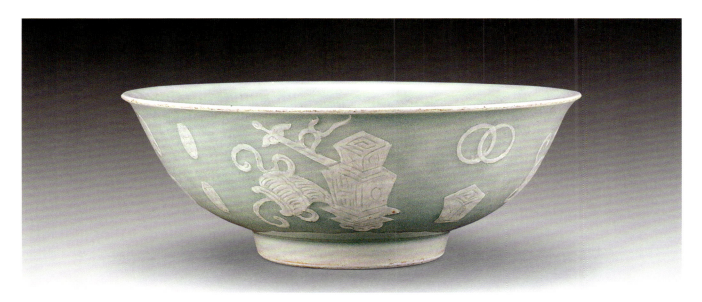

〔清乾隆〕豆青釉大碗

Pea green glazed bowl　*Qianlong Period of Qing Dynasty*

高 9.8 厘米　口径 26.8 厘米　底径 10.8 厘米

　　乾隆青釉瓷沿袭康熙、雍正时期的制作工艺，但也具有特定的时代特征。该碗敞口，折沿，弧腹内收，平底，圈足。内外施豆青釉，碗外壁为豆青地堆白花装饰博古图案，在口沿的胎、釉相连处可见细小的锯齿纹，符合乾隆时期青釉产品的典型特征。

〔清乾隆〕豆青粉彩寿字小盘
Pea green glazed plate with famille rose decoration and Chinese character *shou*(longevity)
Qianlong Period of Qing Dynasty

口径10厘米　底径6.8厘米

　　粉彩是乾隆彩瓷的主流，除白地粉彩外，还有各种地色的粉彩器。该小盘即为豆青地粉彩器，敞口，浅弧腹，盘中心压印一圈突起，内书红彩寿字，其外以粉彩绘牡丹、菊花、蝴蝶、蜜蜂等花虫纹饰，碗底心内凹，有"大清乾隆年制"六字篆书章形款。器型小巧玲珑，画工鲜丽精细，惹人喜爱。

〔清乾隆〕绿地轧道粉彩碗

Porcelain bowl with famille rose decoration over green ground

Qianlong Period of Qing Dynasty

高 7.9 厘米　口径 17.6 厘米　底径 7.1 厘米

　　乾隆时期粉彩瓷器的花纹装饰形式多样，除彩地绘画外，还在瓷器的彩地上划出细小的花卉纹，如同用模子轧出来的一样，称为"彩地轧道"。此碗即绿地轧道器物，敞口略侈、深弧腹、平底微凸，圈足。碗内壁自素，外壁绿釉地上轧印满布细小的"凤尾纹"，主题纹饰为粉彩绘制的牵牛花折枝花卉图案，碗底有"大清乾隆年制"六字篆书章形款。

〔清乾隆〕粉彩花卉碗

Porcelain bowl with famille rose decoration of flowers

Qianlong Period of Qing Dynasty

高 7.2 厘米　口径 17 厘米　底径 6.5 厘米

敞口，深弧腹，圈足，底有"大清乾隆年制"六字篆书章形款。内外口沿及碗底分别饰以青花双圈，主体纹饰以粉彩绘成，内碗心为寿桃三个，碗外壁腹部中心绘以勾莲纹，下部饰变形蕉叶纹。此器粉彩纹饰采用工笔画法，富丽秀美，高贵雅致。

〔清乾隆〕红釉狮耳尊

Red glazed *zun*-vessel with lion handles

Qianlong Period of Qing Dynasty

高 33 厘米　口径 17 厘米　底径 15.2 厘米

敞口，平唇，束颈，其下渐收，垂腹，平砂底，高圈足。肩部堆塑狮首一对，下部饰一圈凸弦纹。通体施红釉，釉色深亮，釉面满布细小开片。口沿处可见一条整齐的白边，即灯草边。整器制作规整，造型端庄。

〔清嘉庆〕青花福寿盖碗
Blue-and-white covered bowl with auspicious pattern
Jiaqing Period of Qing Dynasty

高 9.5 厘米　口径 11.7 厘米　底径 5 厘米

　　盖碗因碗上加盖而得名，南朝始见。清代适应品茶需要大量制作盖碗。此碗广口折沿，深弧壁，圈足，平底。附圈足形握手盖，盖合于碗口内，吻合严密。碗、盖外壁以青花绘"五福捧寿"和寿桃、石榴等图案，寄托长寿延年、多子多福的寓意。器底与盖顶面有青花盘长款识。该碗器型轻巧，青花色泽浓淡相间，为嘉庆民窑青花中的佳品。

〔清道光〕青花云龙纹灯盏
Blue-and-white lamp with pattern of clouds and dragons
Daoguang Period of Qing Dynasty

通高 33 厘米

　　灯盏即油灯，流行于汉代至清代。该青花瓷灯盏由盘托、支柱、灯盏三部分组成。灯盏呈浅碗式，支柱为竹节状圆筒形，从下到上由粗变细，柱上分别有四组带弦纹的圆鼓状突起，柱下接以盘形托。灯盏纹饰以青花绘成，盘托内及支柱上部饰双龙祥云，盘外壁及支柱上部为蕉叶纹饰。该灯盏将实用功能与器型、纹饰的美相结合，为当时民间使用的典型灯盏。

〔清道光〕青花粉彩五寸盘
Blue-and-white plate with famille rose decoration　Daoguang Period of Qing Dynasty

高 2.3 厘米　口径 16.6 厘米　底径 8.8 厘米

　　敞口，浅弧腹，平底略凹，圈足外斜内直。盘内口沿和底心各有一圈带状青花淡描勾莲纹，带状纹饰内则绘有牡丹、菊花、梅花等花卉图案。青花纹饰细密规整，粉彩花卉柔和雅致，令人赏心悦目。

〔清同治〕豆青粉彩草虫盆
**Pea green glazed basin with famille rose decoration of grass and insects
Tongzhi Period of Qing Dynasty**

高 5 厘米　口径 14 厘米　底径 7.8 厘米

　　清代同治朝彩瓷方面主要流行的是粉彩器。该盘花瓣形口，浅斜腹，平底，高圈足呈八字形外撇。豆青粉彩器，盘内心以金彩绘"米"字状树枝，枝杈渐向外分散，其上绘有草虫纹饰，底足及口沿也以金彩绘连续的祥云纹饰。粉彩器上描绘金彩也是同治粉彩的一个特点。底部有"同治年制"四字篆书戳印款。

〔清同治〕粉彩面盆

Porcelain basin with famille rose decoration　Tongzhi Period of Qing Dynasty

高 9.7 厘米　口径 28 厘米　底径 17 厘米

　　口沿外折，弧腹，平砂底，器形为折沿盆。盆内以粉彩满饰牡丹、葡萄、石榴、虫蝶等纹饰，有花开富贵、多子多福吉祥寓意。外壁以红彩简笔绘竹枝三丛。为清代同治时期的日常生活用品。

〔清同治〕粉彩堆塑狮耳瓶
Porcelain vase with embossed famille rose decoration and lion handles
Tongzhi Period of Qing Dynasty

高 24 厘米　口径 8.2 厘米　底径 8.2 厘米

　　瓶呈六棱方形，撇口，束颈，鼓肩，肩以下渐收，圈足外撇。颈部堆塑一对狮耳，瓶下部为锦地联珠纹，颈部及腹部采用堆塑和粉彩结合的方法饰有梅、桃、石榴、如意、草虫、花瓶插三戟等纹饰，有花开富贵、平安如意和平升三级等吉祥寓意。

〔清同治〕粉彩人物刨花缸
Baohuagang-vessel with famille rose decoration of figures
Tongzhi Period of Qing Dynasty

两件 高4厘米 口径12.5厘米×7.5厘米

　　刨花缸是明清时期妇女用以盛放刨花水的一种小容器。刨花水由榆木刨成刨花后用热水浸泡而来，是一种天然带清香的美发护发用品。这两件瓷质刨花缸呈海棠形，缸身施以粉彩女子读书和婴戏图案，缸盖上开有两个古钱纹气孔，造型玲珑可爱。

〔清光绪〕青花铁花花鸟大瓶

Blue-and-white vase with iron openwork and pattern of flowers and birds
Guangxu Period of Qing Dynasty

高 42.5 厘米　口径 17.6 厘米　底径 14.7 厘米

　　盘口，束颈，溜肩，长弧腹，平底圈足。大瓶采用青花加铁花装饰的手法。铁花装饰是用酱色的釉料涂在凸雕花纹的胎上，因其色如铁锈，故名。自乾隆时出现，到光绪时已较盛行。该瓶颈部双系以铁花堆塑折枝梅花，口沿、肩部、底部又用铁花饰以海水、松树和佛教万字纹等，而腹部及颈部的主题纹饰为青花牡丹穿凤纹，纹饰内容丰富，寓意吉祥。

〔清光绪〕茶叶末釉天球瓶
Globular vase glazed in a color like tea dust　Guangxu Period of Qing Dynasty

高 34 厘米　口径 7.1 厘米　底径 14.8 厘米

　　茶叶末釉是我国古代结晶釉中重要品种之一，始于唐代，宋、明、清时均有烧制，其釉面呈失透状，釉色黄绿掺杂，颇似茶叶细末。此瓶直口、长颈，圆鼓腹，圈足。通体施茶叶末釉，釉色偏黄，底有"大清光绪年制"六字楷书刻款。整器古朴清丽，为清代光绪官窑器物。

〔近代〕钧红花瓶

Porcelain vase in red glaze like Jun wares　Modern Times

高 34.5 厘米　口径 13 厘米　底径 13 厘米

　　钧红即窑变红，雍正时开始出现，它是模仿宋代钧窑彩釉斑而烧制成的一种釉色，用红和蓝两种颜色交织在一起。该瓶为喇叭形口、长颈、扁圆腹、高圈足。灰白胎，内外施窑变釉，釉色以红为主，器口内见蓝色，整器釉面有明显纵向丝缕状纹路。

〔近代〕黄地粉彩开光薄胎花鸟瓶
Eggshell porcelain vase with panelled
famille rose decoration of flowers and
birds over yellow ground
Modern Times

高 23.2 厘米　口径 6.2 厘米　底径 5.8 厘米

　　撇口，束颈，鼓肩，肩下至底部渐收，圈
足。整器内挂绿釉，外为黄色锦地轧道，腹部
中心为锦地开光花鸟图案，分别为菊花、牡丹、
梅花、莲花等图案。该瓶器型规整，胎壁极薄，
画工精细。

太 仓 文 物 精 华 · 青 铜 器

青

铜

器

〔商〕青铜戈
Bronze *ge*-weapon
Shang Dynasty

全长 22.2 厘米　宽 5.6 厘米

　　1961 年太仓城厢小西门出土。戈是古代
用于勾杀的兵器，流行于商至汉代。该戈为舌
条形銎内式，援（戈刃上面的长条形部分）似
牛舌形，援末下端稍延展，内的銎部孔截面呈
椭圆形，后内扁平，内两面均有兽面纹饰。整
个器形纹饰简洁，线条柔和，是江苏省内出土
品中少见的商代晚期青铜珍品。

〔金〕双鱼铜镜

Bronze mirror with double-fish design　Jin Dynasty

圆径 15.5 厘米　缘高 0.4 厘米

　　该镜圆形，圆钮。镜背主题纹饰为浮雕两鲤鱼折身摆尾相对漫游，周围填饰水波纹。纹饰形态生动活泼，具有浓郁的自然情趣，是金代双鱼镜的典型作品。

〔明〕五岳真形铜镜
Bronze mirror with patterns of the
original forms of the five famous
mountains in China
Ming Dynasty

直径 10 厘米　立缘高 0.8 厘米

　　1984年太仓东郊黄元会夫妇墓出土。
圆形无镜纽，镜缘窄凸，镜背上嵩岳图形
居中，外四方分别配置"泰岳""恒岳""衡
岳""华岳"，五岳图形与实际观察到的山
岳形象相似，是山岳的平面图，为道教的
符箓，这是铜镜中最早出现的五岳真形
图。该镜在江南地区比较少见，具有一定
的典型性。

〔明〕五子登科铜镜
Bronze mirror with Chinese charac-
ters *wu zi deng ke* (Five sons passed
imperial examinations)
Ming Dynasty

直径 22.2 厘米　缘高 0.5 厘米

　　该镜圆形，圆柱形平顶纽，纽外上下
左右各有一个凸起的方框，框内有楷书
"五子登科"四字，字体规整，其外饰弦纹
一周，窄缘。"五子登科"作为成语到明代
才开始出现，典出后周窦禹钧教子有方，
五个儿子先后考中进士的故事。明代为科
举空前繁盛的时期，铜镜上"五子登科"吉
祥铭文也是当时社会现象的一种反映。

〔明〕青铜觚
Bronze *gu*-vessel　Ming Dynasty

高 18.2 厘米　口径 9.6 厘米

　　1973 年沙溪沙北村四组窖藏出土。觚本是盛行于商周时期的酒器和水器。该器为方形喇叭大侈口，细腰，方圈足外撇。器身下腹部有一段突起，器底刻铸长方形"大明宣德年制"楷书托款。

〔明〕青铜钫瓶

Bronze vase in the form of *fang*-jar　Ming Dynasty

高 8.9 厘米　口径 3.6 厘米　底径 4.9 厘米

　　1973 年沙溪沙北村四组窖藏出土。钫本为流行于战国末期至汉代的一种酒器。方口、长颈、大腹、方圈足，兽首耳，腹部饰有缠枝花纹。

〔明〕青铜鎏金渣斗
Gilt bronze refuse vessel　Ming Dynasty

高 11.5 厘米　口径 12.4 厘米　底径 7.4 厘米

　　1973 年沙溪沙北村四组窖藏出土。渣斗为卫生用具，由唾壶演变而成，用于宴席上放置肉骨鱼刺，流行于宋至清代。该器大口，鼓腹，圈足外撇。器表采用传统的金属装饰工艺鎏金手法，颈部饰玉兰花纹，腹壁饰牡丹花纹，器表闪金，花纹精细。

〔明〕铜贯耳壶

Bronze jar with lugs　Ming Dynasty

高 27.5 厘米　口径 8.5 厘米 × 6.8 厘米　底径 10.2 厘米 × 8.5 厘米

　　1984 年城厢小北门罐头食品厂河边出土。贯耳瓶是最早源于宋代哥窑瓷的器型。该器为仿明宣德时烧造的贯耳瓷瓶式样，唇口微侈，直颈丰肩，鼓腹下敛，高圈足，底略外撇，两耳、颈部及圈足上部采用阴刻和浅浮雕的手法饰有龙纹和云雷纹。

〔明〕青铜八卦兽纽盖熏炉

Bronze incense burner with animal knob and Eight Diagrams pattern　Ming Dynasty

通高 23.5 厘米　口径 12.5 厘米　底径 7.4 厘米

　　1973年太仓沙溪沙北村四组群众平整土地时发现一铜器窖穴，出土明代仿古铜器共计16件。该器为圆口、束颈、鼓腹、圜底、兽首足。颈部饰有一周席纹，两耳呈扁平长回形外翻，口耳间有一藕形物相连。盖面透雕八卦图案，分别象征天、地、雷、风、火、水、山、泽，镂空以利香烟冒出，盖边饰一周缠枝花纹，盖顶纽雄踞一狮，昂首翘尾，龇牙瞪眼，栩栩如生。该器造型古朴典雅，纹饰精细生动。

〔明〕青铜香炉

Bronze censer　Ming Dynasty

高 9 厘米　口径 13.8 厘米　底径 11.8 厘米

　　1973 年沙溪沙北村四组窖藏出土。宣德炉是明代宣德年间铸造的一批价值很高的宫廷专用香炉，自制成后即有仿制。该器即为仿宣德炉，口沿略外侈，束颈，斜肩鼓腹，圈足外撇。侧面设置双耳。通体无纹饰，器底刻铸长方形"大明宣德年制"楷书托款。

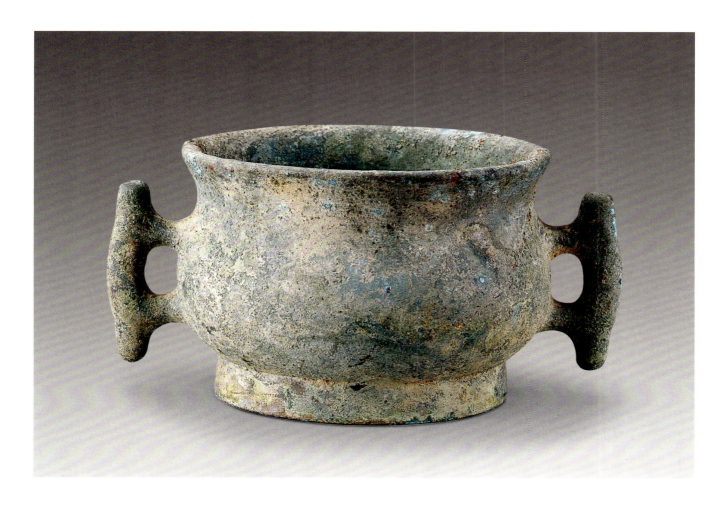

〔明〕青铜双耳香炉

Bronze censer with two ears　Ming Dynasty

高 7.5 厘米　口径 10.4 厘米　底径 8.4 厘米

　　1973 年沙溪沙北村四组窖藏出土。侈口、束颈、鼓腹、圈足。腹部两侧设置一对泥鳅耳。此器为仿宋代瓷器造型，形制古朴，器壁厚重，体沉敦实。

〔明〕海棠形青铜香炉

Bronze censer in the form of Chinese flowering apple　Ming Dynasty

高 10 厘米　口径 7.5 厘米

　　1973 年沙溪沙北村四组窖藏出土。四叶海棠花瓣式椭圆口，炉体自上而下亦分为四瓣，纵部有两突出兽首耳，粗腿短足，腿两侧有云纹，器底也是分三层的四叶海棠花瓣，刻铸长方形"大明宣德年制"楷书托款。

〔明〕青铜狮耳蝉纹香炉

Bronze censer with lion handles and cicada design　Ming Dynasty

高 8.7 厘米　口径 10.5 厘米　底径 8.1 厘米

　　筒形，圆口，圈足。外突两兽首耳，口沿外饰有如意回纹一周，腹部一周间饰八组变化蝉纹，器底铸有"大明宣德年制"楷书托款。

〔明〕紫铜小手炉
Red copper handwarmet　Ming Dynasty

高 9 厘米　长 11 厘米　宽 9 厘米

　　1997 年城厢新浏河桥西南五洋公司仓库工地出土。手炉又称"袖炉""捧炉"，是旧时宫廷乃至民间普遍使用的掌中取暖工具，多为铜制。该手炉为长方形，盖面仿竹篾编成的镂空网格纹，器身圆肩，器壁略呈弧形，平底。铜质呈微红色，整器装饰质朴无华。

〔明〕太仓卫右千户所管军铜印鉴
Bronze seal of an officer from the garrison at Taicang
Ming Dynasty

纽长 8 厘米　印面 7 厘米 × 7 厘米
厚 1.3 厘米

　　1994 年太仓南门街原太仓卫旧址出土。
史载：太仓卫成立于明代初年，统军士 11 200
名，后来设左右中前后五所。此印为五所之
右千户所统领管军的官印，合金铜铸造，扁
圆形柱状直纽。方形印面上有九叠篆书阳
文："太仓卫右千户所管军印"。印纽的左侧
阴刻楷书"礼部造"，印背左边缘及左侧立面
分别阴刻楷书"成化二十三年壬月日"、"年
字八百七十六号"字样，颁铸机构、时间年
号、印章编号一应俱全，这是官印管理制度
日趋严密的标志。该印为研究明代地方卫所
制度和官印的制作管理提供了实物资料。

〔明〕寿星骑鹿铜雕
Bronze statue of the God of Longevity riding a deer　Ming Dynasty

通高 10 厘米

　　太仓茜泾将军墓出土。这是一寿星骑鹿铜雕摆件，寿星头部长而隆起，慈眉善目，长髯飘逸，左肩靠仗，端坐于长角鹿上，鹿卧跪于地，侧首鸣叫。摆件造型小巧生动，反映了民间对长寿延年的期盼与赞颂。

〔明〕铜滴水观音立像
Bronze statue of standing Avalokitesvara sprinkling water　Ming Dynasty

通高 23 厘米

　　铜像采立姿。此为净瓶观音。高耸的发髻、飘逸的衣裙、婀娜的身姿，悠然立于鳌鱼背的设计皆给人以美感。其信步怒海，洒甘露于人间的神态，体现了观音"慈悲""救难"和"法力无边"的神的特质。从创作风格上看，不似寺院供奉品，应为当时的艺术陈设品。

古籍书画

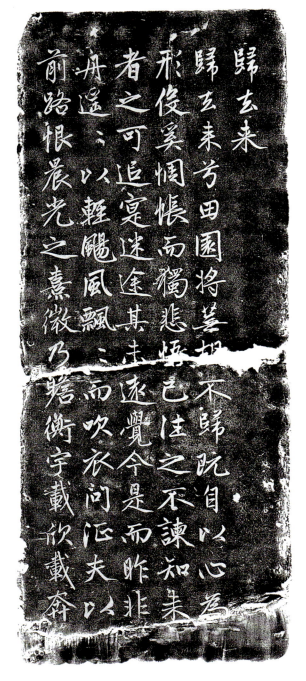

〔元〕赵孟頫书法碑

Stele with calligraphy of Zhao Mengfu　Yuan Dynasty

四块八面　高148厘米　宽60厘米

　　元代浙江军器提举太仓人顾信得大书法家赵孟頫手迹，回乡勒石刻成此碑。据《太仓州志》记载：顾信，字善夫，在浙江为官时，师从赵孟頫学习书法。顾辞官返回太仓时，赵孟頫特地写了陶渊明《归去来辞》和韩愈《送李愿归盘谷序》两幅行书赠之。顾异常珍爱，将两件珍品勒石刻碑，共四块八面，并特筑"墨妙亭"贮之。该碑用青石刻成，为元代延祐五年（1318年）原刻，系赵孟頫晚年之作，书法风格较为成熟，笔法遒劲流畅，风度飘逸有致，为赵孟頫行书的代表作。

歸去來兮，請息交以絕遊，世與我而相違，復駕言兮焉求。悅親戚之情話，樂琴書以消憂。農人告余以春及，將有事于西疇。或命巾車，或棹孤舟，既窈窕以尋壑，亦崎嶇而經丘。木欣欣以向榮，泉涓涓而始流。善萬物之得時，感吾生之行休。已矣乎，寓形宇內復幾時，曷不委心任去留，胡為乎遑遑欲何之。富貴非吾願，帝鄉不可期。懷良辰以孤往，……植杖而耘耔。登東皋以舒嘯，臨清流而賦詩。聊乘化以歸盡，樂夫天命復奚疑。

松道人書

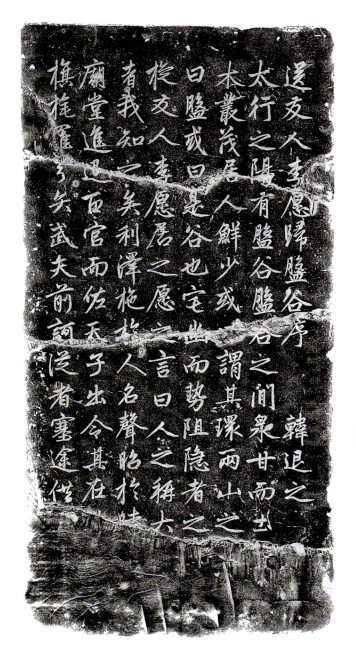

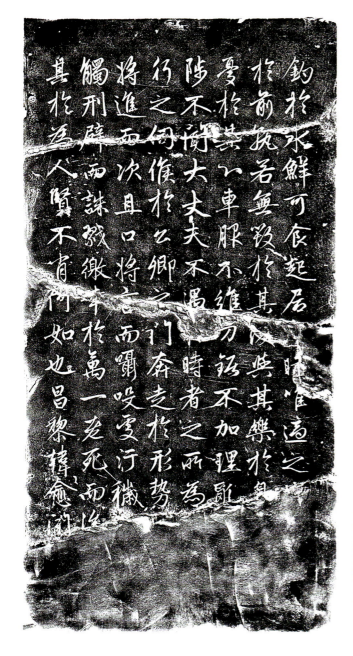

釣於水，鮮可食。起居無時，惟適之安。與其有譽於前，孰若無毀於其後；與其有樂於身，孰若無憂於其心。車服不維，刀鋸不加，理亂不知，黜陟不聞。大丈夫不遇于時者之所為也，我則行之。伺候於公卿之門，奔走於形勢之途，足將進而趑趄，口將言而囁嚅，處穢污而不羞，觸刑辟而誅戮，僥倖於萬一，老死而後止者，其於為人賢不肖何如也。昌黎韓愈聞其言而壯之，與之酒而為之歌曰：

盤之中，維子之宮。盤之土，維子之稼。盤之泉，可濯可沿。盤之阻，誰爭子所。窈而深，廓其有容；繚而曲，如往而復。嗟盤之樂兮，樂且無央；虎豹遠跡兮，蛟龍遁藏；鬼神守護兮，呵禁不祥。飲且食兮壽而康，無不足兮奚所望？膏吾車兮秣吾馬，從子于盤兮，終吾生以徜徉。

〔明〕周闻夫妇墓志铭碑

Tombstone with inscription for Zhou Wen and his wife　Ming Dynasty

两块　51厘米×51厘米　42厘米×42厘米

　　明代周闻夫妇墓志铭碑共两块。根据地方志记载，周闻夫妇墓原在太仓大北门外。1983年墓志铭于太仓公园发现。周闻碑全题为《明武略将军太仓卫副千户尚侯声远墓志铭》，为51厘米见方，厚11厘米。碑文用正楷小字书写，共计669字。周闻妻碑《明故宜人张氏墓志铭》为42厘米见方，厚9厘米，共计506字。两碑详细记述了太仓卫副千户周闻跟随郑和五下西洋，四次抵达的时间、地点。墓志记载的重要事件及时间两相吻合，对考证郑和下西洋的往返时间有重要的补正价值，丰富了郑和下西洋研究的第一手资料，具有重要的文物、史料价值。

明故宜人張氏墓誌銘

中奉議大夫江西等處承宣布政司左布政王峯盛顧字蒙養撰

奉議大夫直隸蘇州府通判蘭山沃能書并篆蓋

宜人姓張氏諱善香泗州人也先考任泗州衛鎮撫之次女生而

端人雅之又六以配衛之業不憚其勞父母咸愛擇善而歸年

一十里之猶告如氏以子調除太倉衛右所百戶授封安人入門端肅克盡婦

道親舅老姑如事夫氏以禮治家以儉人皆慕矣永樂七年選安人之夫

如始尤能事夫氏悅舅姑疾奉養婉容又其繼歿慎終

和　　子　　　　子

部領軍士從諸番等國公幹凡經四往歷二十餘載安人居家潛

然紛　匯勤撫育子女君軻親之道訓以仁慈施以德

義誠紛續還往任本所千戶安人加封宜人固亨厚祿矣宜人生於

洪武署將軍業九　生二子長曰全次曰十一月初六日世壽四十

有妙宜人精德之深始婚未聘皆卓然有戌能志生二女長曰善惠贅男

里銘顏氏庶子之愚子曰弘次曰善聰明皆為嬰孩卜以宣德九年

四曰仁　子曰謹甥女配武署將軍過侯長嗣滌男曰鑑周侯之

九月十六吉日葬於太嬰聰女善明皆為嬰孩卜以宣德周侯之

狀迄請銘余顧狀知宜人以內治之勤俊也乃為之銘曰

厚祿淵子孫宜人之繼耿耿不磨蓋宜人善善積德　餘慶子孫

祿之覃又渊乎宜人好善積德之驗也乃為之銘曰

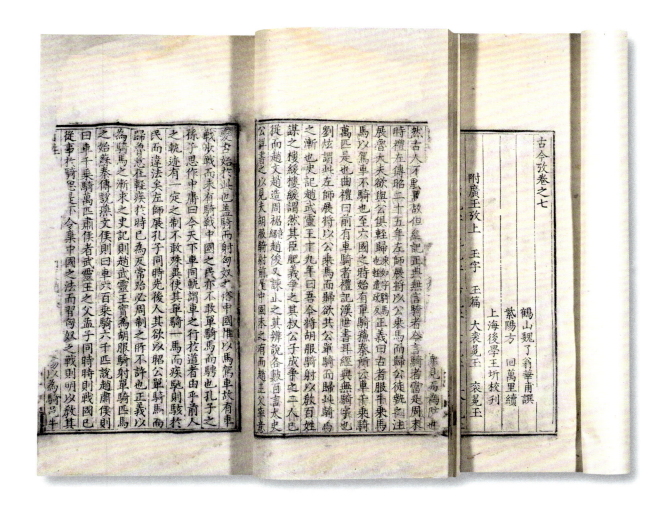

〔明〕出土古籍
Unearthed ancient books   Ming Dynasty

31 厘米 × 18 厘米

　　1984年双凤南转村施贞石夫妇墓出土。长期埋藏地下的纸制木刻版古籍，在尸体霉菌和潮湿环境的作用下，变成了又黑又臭的"饼子书"，其修复是件非常艰难的工作。出土古籍经上海图书馆历时一年多的修复后装订为四套共50册，包括《居家必用事类全集》《尺牍清裁》《古今考》等。其中的《尺牍清裁》由明代著名文学家太仓籍的王世贞编，王世懋校。太仓明墓出土古籍的修复引起了当时社会上的广泛关注，《文物》《文汇报》等分别登载了特写文章，成为建国后出土纸制古籍成功修复的典型范例。

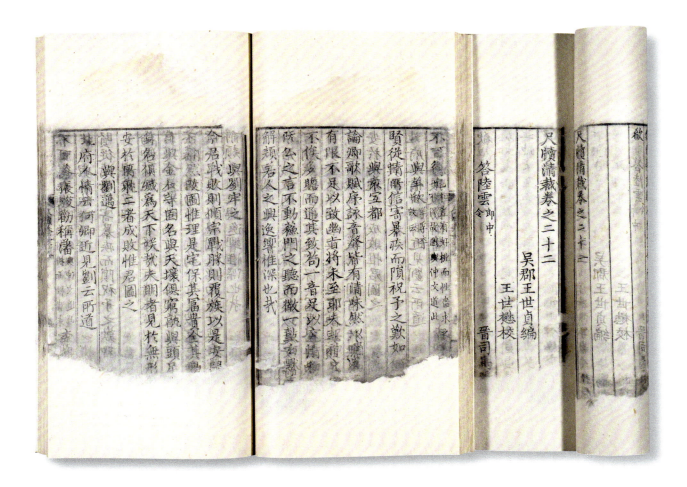

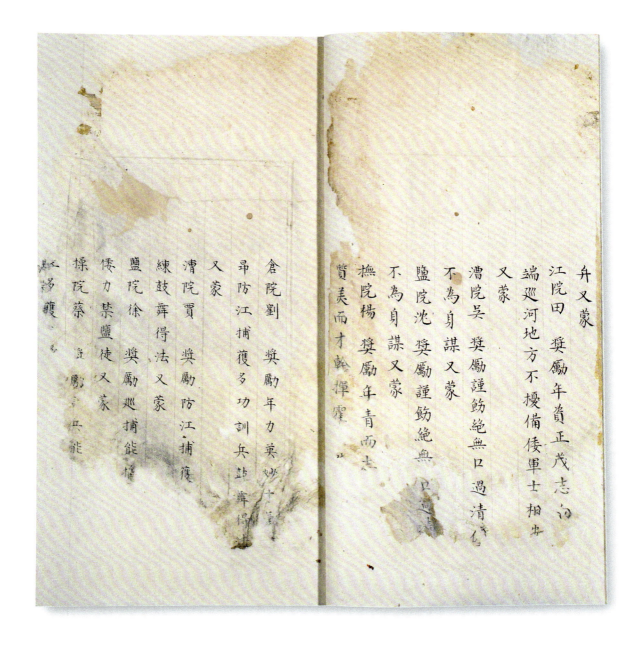

〔明〕出土手抄本古籍
Unearthed hand-written copy　　Ming Dynasty

31 厘米 × 18 厘米

　　1984年双凤南转村施贞石夫妇墓出土。该墓出土的的古籍夹页中还发现了手抄文牍14页，经上海图书馆修复后装订成册。手抄本为黄皮纸，双线墨框，正楷小字墨书，内容是记载明代某地卫所武官的履历档案，涉及抗倭、漕运、职官奖惩等事宜，具有较高的史料价值和文物价值。

〔明〕归庄《行书赠王烟客诗》堂幅
Central scroll with Poem Presented to
Wang Yanke in running script by Gui
Zhuang　Ming Dynasty

纵 237.5 厘米　横 107.5 厘米

　　归庄（1613–1673），清初文学家，字
尔礼，又字玄恭，号恒轩，昆山人，归有
光曾孙，能诗文，善书画。王烟客为娄东
画派"四王"之首王时敏。

〔清〕恽寿平《梅花水仙图》轴

Hanging scroll with Prunus Blossoms and Narcissus painted by Yun Shouping　Qing Dynasty

纵 147.5 厘米　横 49.5 厘米

　　恽寿平（1633－1690），清代画家。初名格，字寿平，更字正叔，号南田、云溪外史、东园生，江苏武进人。初写山水，后改作花卉。其花鸟画以没骨画法风靡一时，追随者众。他在继承徐崇嗣的没骨花卉画法的基础上，又糅合了黄筌、徐崇嗣两家的精髓，重视形象写生。《梅花水仙图》画风清新雅丽，融工笔与写意为一体，既有工笔画的形态逼真，更具写意画的气韵传神。

〔清〕刘源《花缎墨竹子》轴
Hanging scroll with Bamboo painted in ink
by Liu Yuan   Qing Dynasty

纵 117.5 厘米   横 48.5 厘米

　　刘源，字伴阮，河南祥符（今开封）人。
康熙时任刑部主事，供奉内廷。少工画，曾绘
唐凌烟阁功臣像，镌刻行世，吴伟业赠诗记
之。及在内廷，于殿壁画竹，风枝雨叶，生动
之至，为时所称。此画笔墨淋漓，天趣自生。

〔清〕马荃《绢本花卉》轴
Hanging scroll with Flowers on *juan*-silk
by Ma Quan　Qing Dynasty

纵 107 厘米　横 56 厘米

　　马荃（1683 — 1748），女，字江香，江苏
常熟人。工花草，妙得家法。其夫龚克和亦工
书画，其父马元驭是以擅绘花鸟著称的画家。
她自幼随父兄研习画理，展纸研墨作画不倦，
故自刻有"家学""绿窗学画"诸闲章。晚年
名日高。自谓写生得陆治、沈周遗意。传世作
品有《花鸟四条屏》《草虫花卉图》等。画宗
家法，擅长花鸟画，其作品以勾染法而成名。
江南人将她与擅长"没骨法"的恽冰合称为双
绝。清代的秦祖永在《桐阴论画》中记载："马
江香荃，写意花卉，设色妍雅，姿态静逸，绝
无点尘，……尺幅小品，笔意香艳，更饶幽雅
之趣。"这幅图便展现了马荃所独具的艺术特
色和高雅的内在气质。

〔清〕王应麟《山水》轴

Hanging scroll with Landscape painted by Wang Yinglin　Qing Dynasty

纵 64 厘米　横 39.5 厘米

　　王应麟，号松亭，太仓人。性喜山水，规摹前代名画，学得王鉴指法。间写人物花鸟，亦有宋元人笔意。年五十后游览天台、雁荡诸山，颇得江山之助，画艺益进，更具自然之趣。该画用笔灵活，墨色浓淡变化有致，中景山峰运用点、钩、染、皴诸多手法将山峦刻画得层次井然，错落有序。

〔清〕沈起元《行书七言诗》轴
Hanging scroll with Poem in running
script by Shen Qiyuan
Qing Dynasty

纵 82 厘米　横 39.5 厘米

　　沈起元（1685—1763），一作起源，字子大，号敬亭，清太仓人，受宏子。康熙六十年（1721）进士，乾隆时官至光禄寺卿。口不言生产，不以得失动其心。待后进慊慊如不及，而视权贵蔑如。在官禁馈献。其诗宗盛唐，文学欧、曾，书法颜，晚益苍劲。

紫宸朝罢缀鹓鸾丹
凤楼前驻马看惟有
终南山色在晴明依旧
满长安
乙亥仲夏沈起元

〔清〕王昱《山水》轴

Hanging scroll with Landscape painted by Wang Yu　Qing Dynasty

纵 68 厘米　横 42.5 厘米

　　王昱（1714 — 1748），字日初，号东庄，自号云槎山人。太仓人，王原祁族弟。曾游学京师，从王原祁学画。山水淡而不薄，疏而有致，笔墨于古朴中有秀润气，为原祁所称道。画史将王昱与王玖、王宸、王愫合称为"小四王"。著有《东庄论画》。

〔清〕王三锡《松柏遐龄》轴

Hanging scroll with Pine and Cypress Trees by Wang Sanxi   Qing Dynasty

纵 84 厘米　横 28.5 厘米

　　王三锡（1716 —？），字邦怀，号竹岭，太仓人，为清代山水画家王原祁族侄，王昱从子。山水得王氏家法，丘壑位置不作寻常蹊径，运笔别具雅韵，设色用墨独具创意，巨幅松石，时称独绝。又喜作花卉及写意人物，其小册清丽可爱。乾隆五十八年（1793）尝仿黄公望山水图，时年七十八。王三锡与同代的王廷元（字赞明，玖长子）、王廷周（字恺如，玖次子）、王鸣韶《字夔律，号鹤溪》，画山水俱师法"四王"，史称"后四王"。

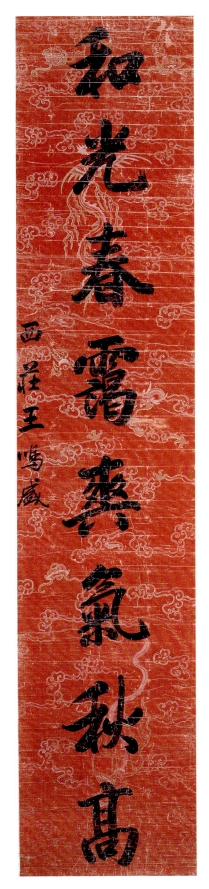

〔清〕王鸣盛《行书八言联》
Pair of scrolls with running script by Wang
Mingsheng   Qing Dynasty

纵 169.5 厘米　横 34.5 厘米

　　王鸣盛（1722 — 1797），字凤喈，号西
庄，一号礼堂，嘉定人，王鸣韶兄。乾隆十
九年（1754）榜眼，官至礼部侍郎，告归居
苏州，三十年不与当道交接。与钱大昕齐名。
工诗善书法，偶作画，亦秀逸可观。

〔清〕毕涵《山水》轴
Hanging scroll with Landscape
painted by Bi Han
Qing Dynasty

纵 106 厘米　横 52 厘米

　　毕涵（1732－1807），字有涵，号
焦麓、止庵道人、菉竹居士，江苏阳
湖（今常州）人。善画山水，近师恽
寿平，远宗古法，力挽颓风，笔意苍
浑劲挺。书法亦清劲脱俗。

〔清〕毕泷《草石画稿》轴
Hanging scroll with Grass and Stone
painted by Bi Long　End of Qing

纵 61 厘米　横 29.5 厘米

　　毕泷（1733－1797），字润飞，号竹
痴，太仓人。乾隆状元毕沅弟。工诗画，
富收藏，遇翰墨精粹，不惜重价购藏，故
多宋、元、明人珍品。工山水及竹石，苍
浑而秀雅，深得曹云西（知白）法。

〔清〕张敔《百合花》轴

Hanging scroll with Lily painted by Zhang Yu

Qing Dynasty

纵 169 厘米　横 49.5 厘米

　　张敔（1734 — 1803），字虎人，又字茝园、芷沅，号雪鸿、木者、止止道人。安徽桐城人，迁居江苏江宁（今南京）。清乾隆二十七年(1762)举人，官湖北房县知县。能书，工诗，善画。山水花鸟，随意挥洒，笔墨纵逸，韵致萧然，写真尤能神肖。为人疏放不羁，兴到即写，往往不带图章，画毕率笔作印，精古可喜。传世作品有《花卉》《墨蕉图》。张敔兄弟三人，时称"三绝"。

〔清〕朱大成《富贵图》堂幅

Large hanging scroll with Peony painted by Zhu Dacheng　　Qing Dynasty

纵 132 厘米　横 75.6 厘米

　　朱大成为清乾隆时期文人。此幅牡丹图，构图饱满、色彩鲜艳，全图以写实的手法，流畅的笔墨，绘红、黄、粉、紫各色牡丹十余朵，画出了牡丹国色天香的艳姿，花瓣丰满重叠，花萼散露，工整而不流于呆板，华丽而不显得低俗。明暗随之变化，绿叶自然舒展，中下部间以青石衬地。牡丹用笔细腻，敷色鲜丽明艳。整个画面以淡紫、浅白为主色调，衬以朱红，使画面相映成趣、更显生动。民间称牡丹为富贵花，花中之王，该画可谓"富贵满堂"。

〔清〕沈宗骞《山水》轴
Hanging scroll with Landscape painted by Shen Zongqian
Qing Dynasty

纵 132.5 厘米　横 39 厘米

　　沈宗骞（1736—1820），清代书画家和画学理论家。字熙远，号芥舟，又号研湾老圃，浙江乌程（今湖州）庠生。博辨识，善书画。所作山水，秀润华滋，在黄公望与董其昌之间，深有功力，尤长写真，精鉴赏。画山水人物传神，无不精妙。晚年则纯用焦墨。著《芥舟学画编》四卷：卷一、二《山水》，卷三《传神》，卷四《人物琐论》。沈宗骞传世作品虽不多，但其作品古雅有神，见解精辟独到。此画在笔墨技巧上讲究法度，尊重传统，松针和枫树叶勾画细致，一丝不苟，远处茂密山林用点叶法表示；山石用浓墨点苔，皴法是斧劈和披麻并用。整个画面干湿相间，浓淡并施，笔墨之妙尽在其中。

物之可傳者若三代之鼎彝箝之鼓干之劍斯之璽何之瓦與夫宋之陶典研皆寄於金玉土石之殊質以存於世而世以霉之于藏與玩之間唯墨不然以速朽之故而寄必磨之用其壽為有消金玉而鑠土石者

小弅山人王昭麟書

〔清〕王昭麟《行书屏》

Vertical scrolls with calligraphy in running script by Wang Zhaolin　Qing Dynasty

纵 119 厘米　横 28 厘米

王昭麟，字公符，号小弇山人，太仓人，王世贞之后。以诸生入监，充四库馆校录，后得官龙溪知县。工词章，善真草书。其书出入董（其昌）、张（照）两文敏之间。弱冠即为刘墉所赏，名重于时。天台、雁荡碑刻，往往出其手。卒年六十。

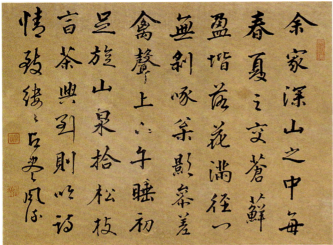

〔清〕施灏《苏东坡爱砚图》轴
Hanging scroll with Su Dongpo Loved Inkstone
painted by Shi Hao　Qing Dynasty

纵 112.5 厘米　横 41.5 厘米

施灏，字冠三，宝山罗店（今上海）人。乾隆三
十七年（1772）进士，历任江西、河南、山西、湖广
等省知县和陕西彬州知州。

〔清〕王馥《山水屏》

Vertical scrolls with Landscape painted by Wang Fu
Qing Dynasty

纵 126.5 厘米　横 30 厘米

　　王馥，字香祖，号学痴，太仓人，王原祁从曾孙。山水有家法。久客居吴门，与王学浩（1754 — 1832）游，下笔益工，偶仿王蒙大桢，劲秀可观。此画景物茂密，峰峦叠嶂，古树茂蔚，刻画细致，近水远山，恬静闲适，神韵悠然，将云雾氤氲的江南乡居风貌表现得潇洒清逸。

瓊樓影裏見差池 不是烏衣舊日姿一院梨

花低亞廖半空玉羽頰時掠殘皓月來無

迹剪破閒雲太較遲烹風塵易緇染早飛

莫羨上林枝 白燕 一行飛白渡湘濱雲際鴻

文意象新耆鳳鶱鸞同結構家雞野鶩尖精

神太空從古原無點鳥臨于今自有真回首

黏臺風雪苦題將尺素代沁人凌虛豪翰各

紛紜乍見雙鈎又八分偶到華山因落筆岩過

衡岳六迴文西征點、投邊雪天問行、叫楚

雲滿眼化機工拙外世間莫認是鵩羣 落鴈峰在峯山

迴雁峰在衡山潘岳有西征賦 從橫斷續御長風八法偏存羽挨

中蝌蟎塞邊秋寫怨鳳皇樓畔夜書空問奇

誰識天文麗箋注還誇鳥篆工者、漸移雲外

太結繩依舊迓鴻濛 章 鴈字三

近作請政

士先道長兄

沈潵潛

〔清〕顾王霖《山水图》册页

Album leaf with Landscape painted by Gu Wanglin   Qing Dynasty

纵 25 厘米　横 41 厘米

　　顾王霖（1760-1805），清代画家、字稚生，号容堂，别号易农居士，太仓人。乾隆五十五年（1790）进士，历任户部主事、员外郎。著有《五是堂文集》，工诗文，善书画。其画笔姿苍老雄健，天真古朴，画风继承四王笔墨，又于娄东派中别树一帜。

〔清〕王昀《五峰观瀑图》手卷

Hand scroll with Viewing Waterfall at Wufeng painted by Wang Yun　Qing Dynasty

纵 134.5 厘米　横 34.5 厘米

王昀，字子能，太仓人，王麟孙从子，浙江候补经历，亦善山水。题署："甲午长夏仿大痴笔，为子范先生补图而请教正。"卷右下钤"麓台本孙"朱文印。其后有近二十位当时文人的题跋，对了解娄东画派后期作品的特色具有一定的参考价值。

五峰觀瀑門

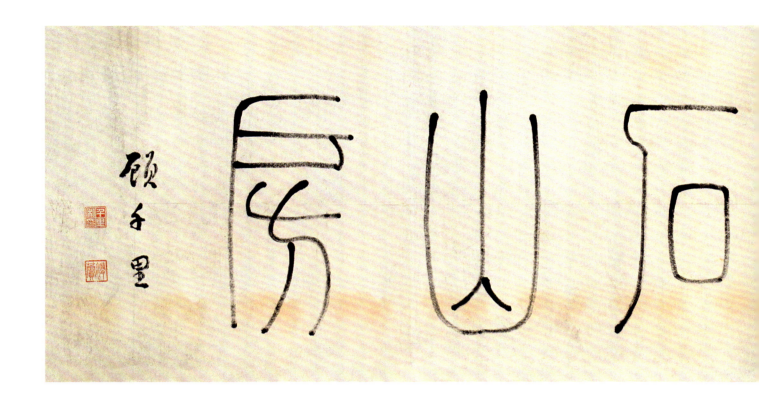

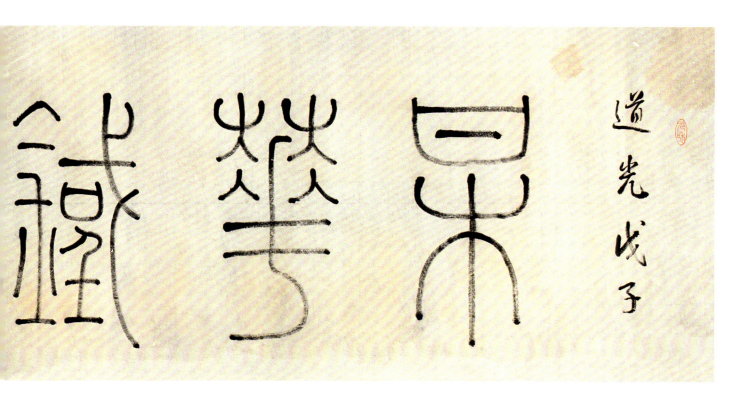

〔清〕顾千里《玉箸书梅花铁石山房》横幅
Horizontal scroll with calligraphy by Gu Qianli　Qing Dynasty

纵 179 厘米　横 44 厘米

　　顾千里（1766—1835），名广圻、千里是他的字，号涧蘋，又别号思适居士，后以字行。江苏元和（今吴县）人。清代乾嘉后期著名考据学家、校勘学家，被誉为"清代校勘第一人"。他一生贫寒，却潜心向学，嗜好古书，在古籍整理与出版事业上取得了巨大的成就。

〔清〕盛大士《溪山雨霁图》轴
Hanging scroll with Mountain
Scenery after Rain painted by
Sheng Dashi　Qing Dynasty

纵 99 厘米　横 49.5 厘米

　　盛大士（1771-1839），字子履，号逸云，又号兰簃道人、兰畦道人，太仓人。嘉庆五年（1800）举人，山阳教谕。学问淹雅，诗、画俱佳，山水以娄东王氏为宗，而加脱略，落落有大家风格。他以儒雅的笔调追仿王原祁的风神，是娄东画派后期较为突出的一人。此画是一幅气势雄伟的山水作品，主峰高踞画幅正中，众峰烘托，山峦用墨线勾勒，作者注重山石块面的架构，以疏松但又十分明确的笔墨表现出厚重坚实的感觉。整幅画用笔灵活，设色淡雅。

道光癸巳嘉平仿吾鄉
烟客奉常筆意
盛大士

是幅臨於王奉常谿山雨霽
圖立軸藏之篋笥將一載矣
甲午九秋重揭裝治以博
直甫先生之粲即清玩之
子履盛大士記

〔清〕王兆鹤《封侯图》堂幅

Central scroll with Bestowing Feudal Title of Marquis painted by Wang Zhaohe

Qing Dynasty

纵 131 厘米　横 62 厘米

　　王兆鹤，字竹香，太仓人。擅丹青，尤工画猴。家畜养一猴，观其跳盈，以供写生，其点笔全在两目数毫间，闪烁得神。同治八年（1869）卒，年五十九岁。

〔清〕吴俶《杨柳菊花白头》轴
Hanging scroll with Trees and Chrysan-
themum painted by Wu Chu
Qing Dynasty

纵 135 厘米　横 60 厘米

　　吴俶，字慎修，自号海鸥子，太仓人。
善画翎毛花草，秀雅生动。

〔清〕王礼《紫藤》轴
Hanging scroll with Chinese Wistaria painted by Wang Li
Qing Dynasty

纵 133.5 厘米　横 46.5 厘米

　　王礼（1813 — 1879），字秋言，号秋道人，别署白蕉
研主，一号蜗寄生，江苏吴江人，久居上海，曾师从苏州
沈荣学写意花鸟。所作花鸟劲秀洒落，格调清新，隽逸之
气，令人意爽。

〔清〕杨岘《隶书史晨碑》轴
Hanging scroll with official script by Yang Xian
Qing Dynasty

纵 137 厘米　横 34 厘米

　　杨岘（1819—1896），字见山，号季仇，晚号藐翁，归安（浙江湖州）人。咸丰五年（1855）举人，官常州知府。以汉隶名一时，高自标置，末流辗转摹仿，几如优孟衣冠，而庐山真面目则固嵯峨云表也。

〔清末〕俞樾《隶书七言联》
Pair of scrolls with official script by Yu Yue　End of Qing

纵 143 厘米　横 34 厘米

　　俞樾（1821－1906），字阴甫，号曲园居士，浙江德清人。道光三十年（1850）进士，官编修。博学工诗文，著有俞氏丛书。工书法，有江声之风，以篆、隶法作真书，别具一格。寻常书札，率以隶体书之，尤工大字。

〔清末〕
蒲华《竹石图》轴
Hanging scroll with Bamboo and
Stone painted by Pu Hua　End
of Qing

两幅　纵 238 厘米　横 59 厘米

　　蒲华(1830－1911)，原名成，字
作英，初字竹英，号胥山野史、种竹
道人，浙江嘉兴人，寓居上海。工书
画，草书自谓效吕洞宾、白玉蟾，笔
意奔放。早岁画花卉，在徐渭、陈淳
间。晚乃画竹，心醉文同。一干通
天，叶若风雨。其绘画艺术上承"青
藤白阳"，自辟蹊径，冲破了晚清画
坛摹古保守的藩篱，形成了自己独
有的绘画语言，对后世山水画发展
有直接的推动作用。这两幅画与一
般所画竹子不同，前景竹子用笔粗
旷浓重，后面竹子纤细淡雅，形成
鲜明的浓淡变化，笔法随意中透出
秩序，尽现竹子随风摇曳的姿态。

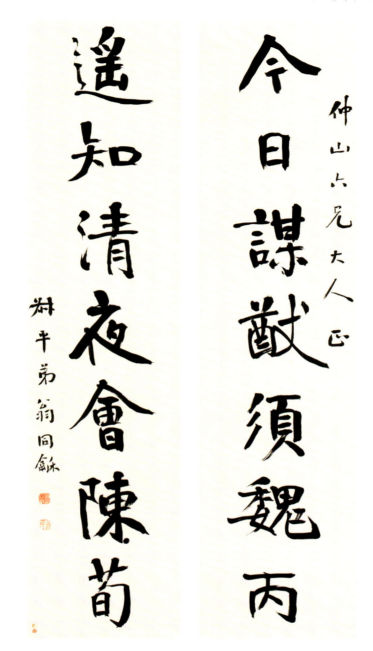

〔清末〕翁同龢《行书七言联》
Pair of scrolls with running script by Wong Tonghe   End of Qing

纵 167.5 厘米　横 41.5 厘米

　　翁同龢（ 1830 — 1904 ），字叔平，一字声甫(一作笙甫)，号笙龢，又号韵斋，自署松禅，晚号瓶生，又署瓶庐，亦曰瓶斋居士，江苏常熟人。咸丰六年(1856)进士，赐一甲第一名及第，官至协办大学士、户部尚书、参机务，光绪戊戌政变，罢职归里 。卒后追谥文恭。学通汉宋，文宗桐城，诗近西江 。书法遒劲，大骨开张，幼年学欧、褚，中年用力于颜真卿，更出入苏、米。晚年沉浸汉隶，为同、光间书家第一 。
　　1980 年邵风苏捐赠。

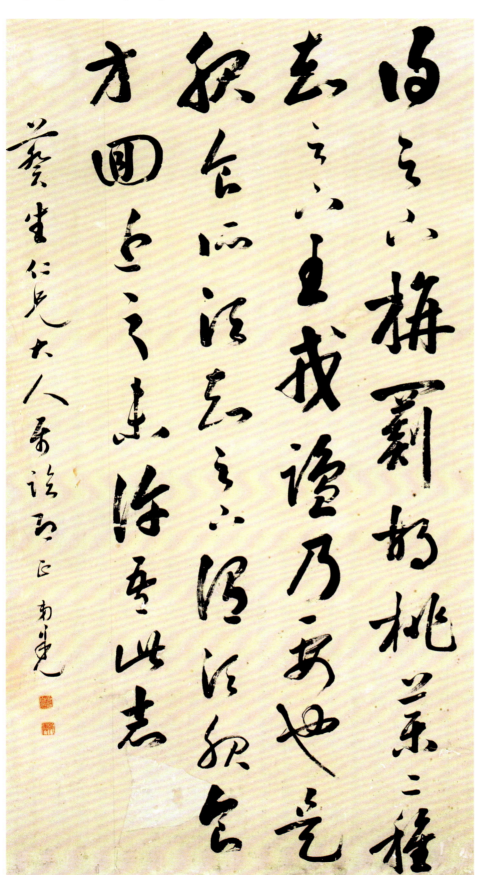

[清末]黄自元《草书》堂幅
Central scroll with cursive
script by Huang Ziyuan
End of Qing

纵 146 厘米　横 77.5 厘米

　　黄自元（1837—1916），字董
虞，一字善长，湖南安化人。同
治七年（1868）榜眼，官翰林院
编修。书法欧、柳，失之板滞。
所刻碑版，行世者颇多。

〔清末〕陆润庠《行书四言联》
Pair of scrolls with running script by Lu Runxiang　End of Qing

纵 81 厘米　横 23 厘米

　　陆润庠（1841－1915），字凤石，元和（今江苏苏州）人。同治十三年（1874）
状元，历任都察院左都御史、太保、东阁大学士。书法清华朗润，意近欧、虞。

〔清末〕王礼《山水》轴
Hanging scroll with Landscape painted by Wang Li
End of Qing

纵 112 厘米　横 35.5 厘米

王礼（1851—1900），初名学礼，字笠夫，号戴笠山人，太仓人。太仓王氏裔。工书善画，山水多着色，用笔苍古，花卉风韵亦佳，喜画石，磊落有致。

〔清末〕顾唐龙《兰竹图》轴
Hanging scroll with Orchid and
Bamboo painted by Gu
Tanglong　End of Qing

纵 128 厘米　横 64.5 厘米

　　顾唐龙，字禹扬（又作宇扬），一字云旸，号欲仙，太仓诸生，善画兰竹。此幅《兰竹图》笔法灵动飘逸，用墨浓淡有致，尽现兰竹的婀娜多姿。

〔清末〕吴镜《宝贵百龄平安吉利图》堂幅

Central scroll with painting by Wu Bin　End of Qing

纵 117.5 厘米　横 100 厘米

　　吴镜，字铁士，号石屋山人，晚号达安老人，浙江海盐诸生。花卉得恽寿平笔法。卒年七十外。

三千年華三千年寳食之延年興天無極

光緒四年重九日趙曈畫

〔清末〕
赵曈《寿桃图》堂幅
Central scroll with Peaches
as Birthday Presents
painted by Zhao Tong
End of Qing

纵 171 厘米　横 91.5 厘米

　　赵曈，字伯迟，钱塘（今
杭州）人。工书法，篆、隶尤
精。写花卉，浑厚奇古，摹赵
之谦，而稍变其法，与甜俗一
派不同。此画笔墨苍润，设色
古朴，色与墨结合，表现了特
有的沉稳。
　　1973 年县文教局拨交。

〔近代〕邵松年《行书七言联》
Pair of scrolls with running script by Shao Songnian　Modern Times

纵 134.5 厘米　横 32.5 厘米

邵松年（1848—1923），字伯英，号息盦，常熟人。清光绪九年（1883）进士，授编修。工小楷，能画，笔墨闲雅，为时人所好。

1980 年邵风荪捐赠。

〔近代〕郑孝胥《行书八言联》轴

Pair of scrolls with running script by Zheng Xiaoxu　Modern Times

纵 204 厘米　横 43 厘米

　　郑孝胥（1860 — 1938），字太夷，号苏戡，又称海藏，闽县（今福州）人。清光绪八年（1882）解元，官至湖南布政使，入民国（1912），居上海鬻书自给。"九一八"事变后，从溥仪任伪"满洲国"总理。工诗，善画松，古苍浑穆，可与陈宝琛并驾。书法豪放。

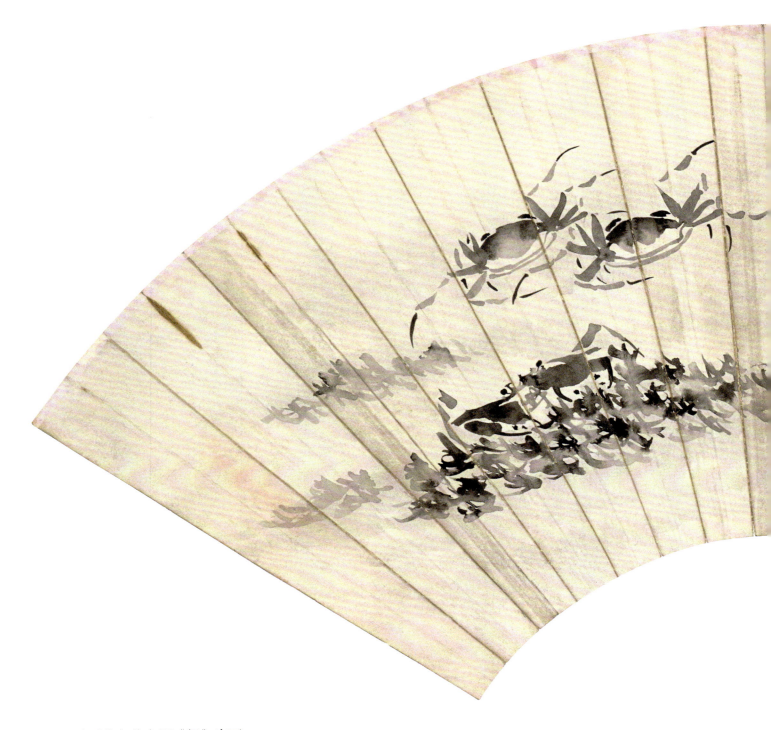

〔近代〕黄文灏《蟹》扇面

Fan painting with Crab painted by Huang Wenhao　Modern Times

纵 18 厘米　横 52 厘米

　　黄文灏（1878—？），字秋生、秋声，太仓浏河人。清光绪二十五年（1899）太仓州学生员。早年热衷书法，以草书为佳，后兼学绘画，专攻"芦蟹"。齐白石曾为之挥毫："多而不繁，少而不疏，芦枝蟹只传秋声。"

　　浏河周旭升捐赠。

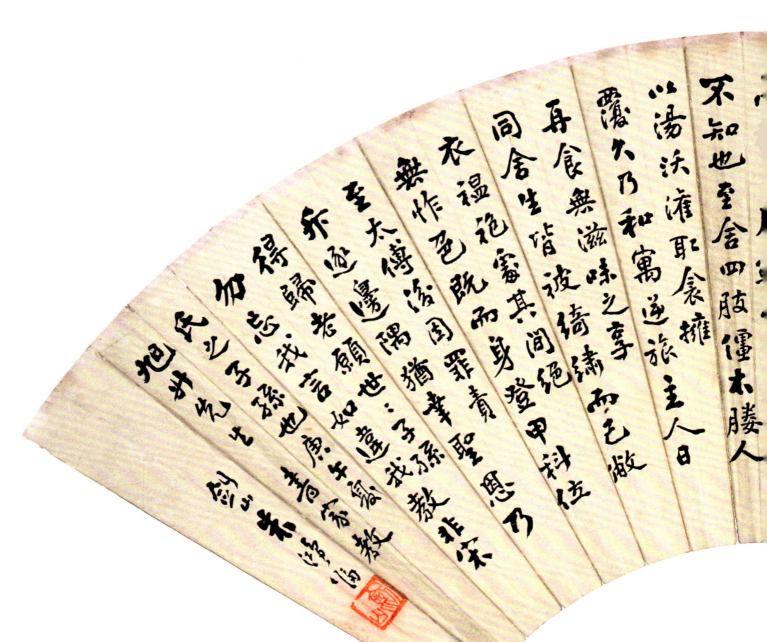

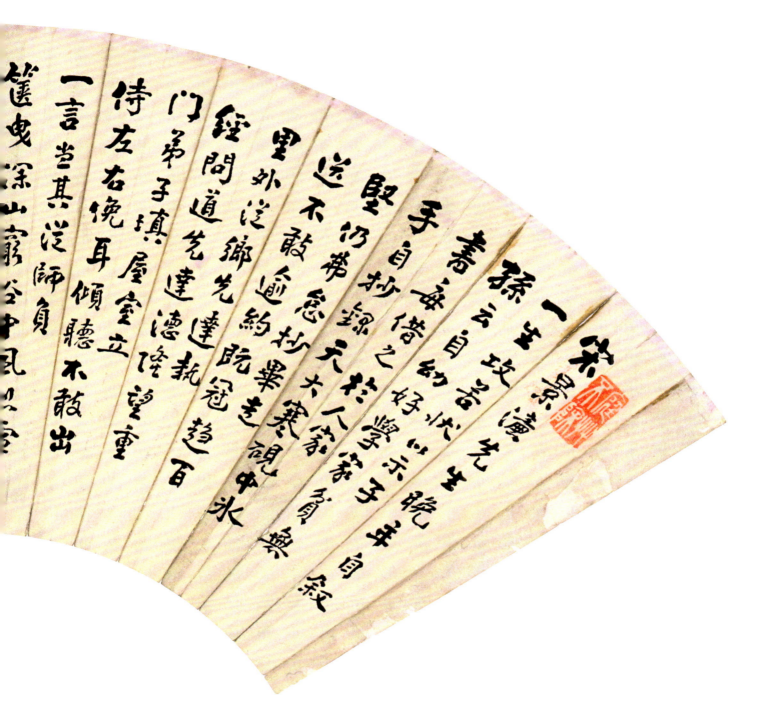

〔近代〕于右任《草书五言联》

Pair of scrolls with cursive script by Yu Youren　Modern Times

纵 142.5 厘米　横 36.5 厘米

　　于右任（1878—1964），陕西三原人。原名伯循，字诱人，后以"诱人"谐音"右任"为名，号骚心、髯翁，晚号太平老人。光绪举人。早年投身民主革命。曾任南京临时政府交通部次长，审计院、监察院院长等职务。工书法，所作行草，别具神韵，是民国以来杰出书法大家。有《标准草书》一册行世，被誉为"当代草圣"。1964 年病逝于台湾。
　　1980 年邵凤苏捐赠。

〔近代〕蔡公时《钟鼎文六言联》

Pair of scrolls with characters in a style of inscriptions on ancient bronzes by Cai Gongshi

Modern Times

纵 167 厘米　横 26 厘米

　　蔡公时（1881 — 1928），字痴公，江西九江人，佐李烈钧幕多年。能诗，工草书。1928 年在日寇制造的"济南惨案"中英勇殉难。

玉石杂项

〔良渚文化〕石箭镞
Stone arrow head　Liangzhu Culture

长 6.3 厘米　宽 1.9 厘米　厚 0.6 厘米

　　2003 年太仓双凤维新遗址出土，距今约 4500 年。石箭镞即石箭头，是石器时代使用最广泛、数量最多的一种远射武器。该石箭镞在遗址编号为 T1525 探方的第七文化层发现，为冷凝岩（层理清晰的正常沉积岩）质地，呈扁平柳叶状，磨制较为精细，是目前已知太仓原始社会石器时代的代表性遗物。

〔宋〕石刻佛像
Stone carved figure of Buddha　Song Dynasty

高 46 厘米

　　1990 年太仓南郊胜昔村出土。这尊佛像雕刻为砂石质地，整体呈舟形，石雕正中释迦佛施无畏印，结跏趺坐于覆莲座上。佛的体态端庄，面容宁静亲切，略含笑意。佛身后、两侧及下部浮雕有联珠光环和佛教人物故事等，更加衬托出了神秘的宗教气氛。

〔宋〕云龙大歙砚

Large She inkstone with dragon and cloud design   Song Dynasty

长 32.5 厘米   宽 25.5 厘米   高 5 厘米

　　歙砚为中国四大名砚之一，产于安徽歙州，因之得名。始于唐开元年间，南唐为朝廷用砚，达到全盛，其后一直生产。该砚作不规则椭圆形，砚堂圆形略下凹，其旁为如意形砚池，水池边及砚周边满布浮雕的云龙纹饰，图案匀称，雕工老辣。全砚颜色灰中泛白，可见带黄点的"金星"和带白点的"银星"。

〔宋〕插手端砚

Duan inkstone with hollow bottom
Song Dynasty

长 19.5 厘米　宽 11.5 厘米　高 7.2 厘米

　　端砚为中国四大名砚之一，产于广东肇庆（古称端州），因之得名。始于唐武德年间，至今仍有生产。该砚为长方形抄手式，平坦窄长的砚堂面上部，斜坡状连接水池。石质紫中泛红，质坚细润。造型端庄古朴，刀法简练。

〔明〕鹅形歙砚
Goose-shaped She inkstone　Ming Dynasty

长 24 厘米　宽 16.5 厘米　高 5.5 厘米

　　明清时期的砚台从实用为主转到实用与欣赏并重。该砚为歙石，石质细润而具光泽。全砚呈鹅形，砚面以鹅身为砚堂，鹅首后转与鹅身交汇处为砚池。造型生动，线条圆润准确，形象栩栩如生。

〔明〕玉蝉砚

Jade cicada-like inkslab　Ming Dynasty

长 11 厘米　宽 8 厘米　高 1.8 厘米

　　明清两代是我国砚台发展的新阶段，造型丰富多样，砚材种类亦很广泛。该砚为青白玉质，砚面作蝉形，蝉身作砚堂，蝉的身、首连接处开有砚池，砚背平坦。蝉的首、翅、尾等处采用圆雕、阴刻的手法，线条准确，造型生动。

〔明〕龙首玉带钩
Jade belt hook with dragon head　Ming Dynasty

长13厘米　宽2.5厘米　高3.1厘米

　　带钩是古人用于束腰和钩挂的器物。这只龙首玉带钩为白玉制，白色、微有褐色斑。玉质温润细腻，器表有脂样光泽，钩头饰龙首，钩体呈长条弧形，背有圆钮。正面透雕螭龙一条，螭作俯首，圆眼，躯体细长，长尾卷曲，四足卧状爬行。此时的带钩已由实用物演变为观赏品，该带钩琢磨精细，与极佳的玉质相得益彰。

〔明〕包金玉带板

Jade plate covered with gold　Ming Dynasty

长 7.5 厘米　宽 5.2 厘米　厚 0.8 厘米

　　2004 年太仓陆渡镇陆东村明墓出土。玉带是古代官员腰系物，用以显示官阶等级高低，由多块形状不同的玉带板镶缀于革带上形成，此物应为玉带上多块玉带板中的一块，和田白玉料，玉质纯正润泽。正面为浮雕胡人舞狮图案，背面以金片包镶，两侧有如意衔环，四边角上各有两个牛鼻穿，供与革带相联结。玉带制度从唐至明流行达千年之久，清代服饰改易后，玉带也就不复制作了。包金玉带板为太仓历年来古墓发掘中首次发现。

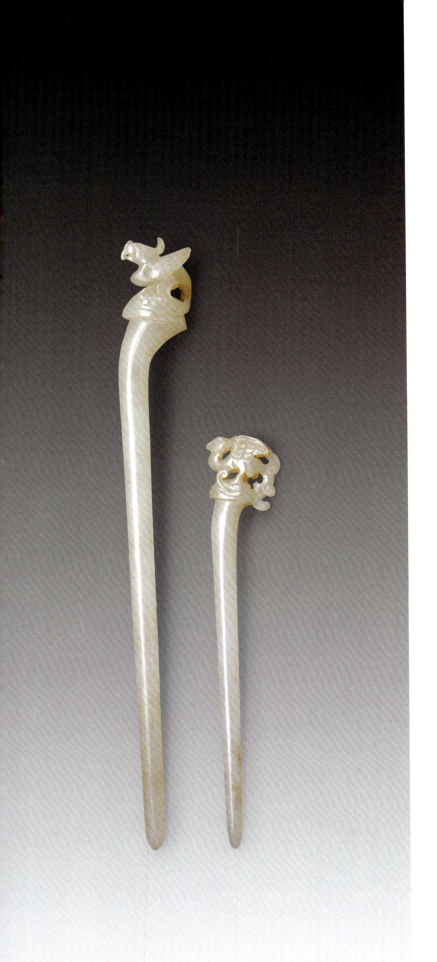

〔明〕凤首玉簪

Jade hairpin with phoenix head   Ming Dynasty

一支长 17.3 厘米   另一支长 11.5 厘米

2004年太仓陆渡镇陆东村明墓出土。白色，玉质细腻。大小两支，簪首为圆雕如意凤鸟形，凤鸟作展翅欲飞状，凤羽、鸟喙雕刻手法极其精细，栩栩如生，簪身呈锥样。有明确的出土地点，可作鉴定标准器，具有一定的历史、艺术价值。

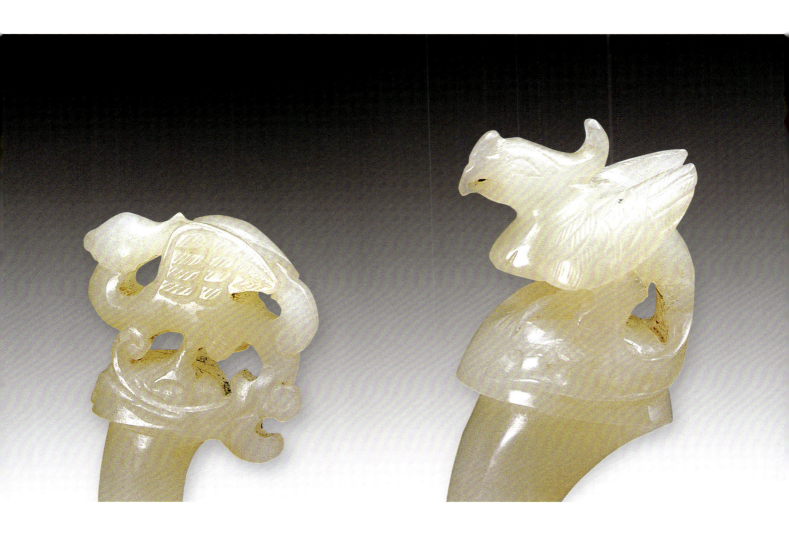

〔明〕玉龙珠镯

Jade bracelet　Ming Dynasty

内径 6.0 厘米　外径 7.5 厘米

　　青白色。琢作二龙戏珠状。造型和琢制工艺系明代风格，为明清时常见的手镯形式，具有一定的历史、艺术价值。

〔明〕黄元会水晶印章
Crystal seal of Huang Yuanhui   Ming Dynasty

高 2.5 厘米　印面 3.1 厘米 × 3 厘米

　　1984年太仓东郊黄元会夫妇墓出土。根据《太仓州志》记载，黄元会，太仓人，字经甫，幼孤，感奋为学，万历四十一年（1613）进士，官至江西按察使，为官清正，卒年五十一，著有《仙愚馆集》。这枚印章为水晶质地。水晶是一种透明或半透明的石英晶体，化学成分为二氧化硅。水晶制品最早出项在新石器时代，春秋战国后较为常见。该印章为瓦组式，绵绺自然，清澈透亮，方形印面上阴刻篆体"黄元会印"四字，当为其本人生前所用私章。

〔明〕"忍耐"活络金戒

Gold ring with Chinese characters *ren nai*(endurance and patience) on turnover facets　Ming Dynasty

内径 2 厘米

　　1979年牌楼万家队王忬墓出土。王忬，字民应，太仓人。明嘉靖二十年（1541）进士，屡破倭寇，官至兵部右侍郎，蓟辽总督。权臣严嵩素不悦忬，后竟被严嵩父子构陷致死。这枚金戒指为环状，戒面呈花瓣状，中心为可正反翻转的圆形活络，两面分别阳刻有"忍"、"耐"二字。整枚戒指纹饰精细，小巧玲珑，是反映王忬生前为官经历的一个具体而生动的物证。

〔明〕洒金折扇
Folding fan with golden paper covering　Ming Dynasty

纵 37.5 厘米　横 63.5 厘米

　　1984年太仓东郊黄元会夫妇墓出土。目前学术界一般认为折扇在宋朝时由朝鲜或日本传入我国。这把折扇的的扇骨为斑竹质地，大小扇骨计22根，扇面为纸制洒金并勾以墨线斜交叉格，虽历经四百余年至今仍熠熠生辉。常见折扇传世品居多，而出土的稀少，该扇的出土对了解和研究明代折扇工艺提供了珍贵的实物资料。

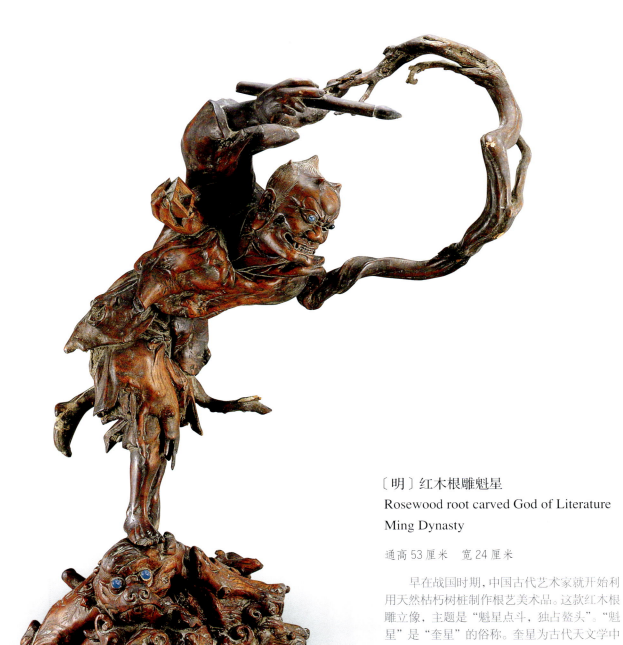

〔明〕红木根雕魁星
Rosewood root carved God of Literature
Ming Dynasty

通高 53 厘米　宽 24 厘米

　　早在战国时期，中国古代艺术家就开始利用天然枯朽树桩制作根艺美术品。这款红木根雕立像，主题是"魁星点斗，独占鳌头"。"魁星"是"奎星"的俗称。奎星为古代天文学中的二十八宿之一，被尊为主宰文章兴衰的神。魁星头部似鬼，一脚向后翘起，形如魁字的大弯钩；一手捧斗（象征北斗星），一手执笔，意谓用笔点定考试人的姓名；另一只脚站在展翼翘尾的鳌鱼头上（意为独占鳌头）。古代士子谁不想金榜题名，魁星是他们科考前必然参拜的偶像。作者巧妙地利用天然树根所具有的自然形态美，以圆润、娴熟的刀法为我们呈现出形象生动的魁星造型，功力深厚，造型大气，甚为难得。

〔清〕澄泥小砚
Inkslab made of purified clay　Qing Dynasty

长 8.5 厘米　宽 7.8 厘米　高 1.9 厘米

　　澄泥砚砚材出在山西绛州，唐代时始制，属于陶砚一类。其制法是用绢袋装上汾水河泥加以淘澄，干固以后放进窑内烧成砚材，然后再加工制作。该砚即为澄泥质地，砚作方形，砚堂平坦，砚池外雕云纹，纹饰简洁。石质色若鳝鱼黄，细润而质坚。

〔清〕玉镂空花佩
Jade pendant with pattern of flowers in openwork　　Qing Dynasty

直径 7.8 厘米

　　青白玉，玉质细腻，晶莹润泽。玉佩呈片状，两面纹饰相同。中部琢一花瓶，下部有阴刻蕉叶纹，整体采用透雕的手法，以花瓶为中心，瓶内插花及花枝环状围绕，构图巧妙，圆润华丽。

〔清〕玉镂空佩

Jade pendant in openwork　　Qing Dynasty

直径 7.8 厘米

　　白玉，温润微透明。玉佩呈圆片状，两面纹饰相同。中部琢有童子玩莲纹，两个顽皮可爱的男孩，肩负荷叶交脚而行，寓意"连生贵子"，周围采用圆雕、透雕镂空法饰花链一圈。此佩将童子姿态动作刻画得活灵活现，制作细腻精巧，刀法有力，琢磨光滑。

宿雨初收晚烟未洋

壬申長夏於寒香閣之

南窗仿米元章法

東莊王昱

太倉文物精华